本书得到国家自然科学基金面上项目(72371246)、高等学校学科创新引智基地、中央高校基本科研业务费项目(2722024BY007)的资助

农业天气指数保险
理论与实务

胡祥 著

WUHAN UNIVERSITY PRESS
武汉大学出版社

图书在版编目(CIP)数据

农业天气指数保险理论与实务/胡祥著 . -- 武汉 : 武汉大学出版社,2025.5. -- ISBN 978-7-307-24999-8

Ⅰ. F842.66;P49

中国国家版本馆 CIP 数据核字第 2025WS7585 号

责任编辑:陈　帆　　　责任校对:汪欣怡　　　版式设计:马　佳

出版发行:**武汉大学出版社**　　(430072　武昌　珞珈山)

(电子邮箱:cbs22@whu.edu.cn　网址:www.wdp.com.cn)

印刷:武汉云景数字印刷有限公司

开本:720×1000　　1/16　　印张:11.5　　字数:166千字　　插页:1

版次:2025 年 5 月第 1 版　　2025 年 5 月第 1 次印刷

ISBN 978-7-307-24999-8　　　定价:58.00 元

目　　录

第一章　农业天气指数保险概述

第一节 农业保险概述

一、农业保险的概念与定义

农业保险是一个不断发展的概念。农业保险以农业产业为对象，而农业产业的内涵与外延是随着人类社会的发展而不断变化的，因此随着不同时期、不同国家的农业产业的内涵与外延的变化，农业保险的概念也在不断地发展变化。

农业保险的定义有广义和狭义之分。

在国外，狭义的农业保险只涉及农作物保险；广义的农业保险则涉及农场上的一切物质财产、责任和人身的保险，包括农作物、饲养动物、机械设备、建筑物、相关各类民事责任和人身的保险。在我国，狭义的农业保险包括种植业保险、养殖业保险；而广义的农业保险不仅包括农、林、牧、渔业的保险，还包括与农业、农户有关的其他财产的保险，涉及农业生产、农村生活的各个领域。

我国农业保险界的专家学者对农业保险多有论述，各有侧重，以下选取最具权威性的《农业保险条例》中的相关表述："本条例所称农业保险，是指保险机构根据农业保险合同，对被保险人在种植业、林业、畜牧业和渔业生产中因保险标的遭受约定的自然灾害、意外事故、疫病、疾病等保险事故所造成的财产损失，承担赔偿保险金责任的保险活动。"

我国《农业保险条例》对于农业保险概念的界定是较系统和全面的，包括种植业保险、养殖业保险和涉农保险三大险别。种植业保险是指以各种粮食作物、经济作物、林木、果实等为主要对象的保险，一般分为农作物保险和林木保险两类。养殖业保险是指以饲养、繁殖的各种畜禽、水生动物为主要对象的保险，包括大牲畜保险、家畜家禽保险、水产养殖保险和其他养殖保险。涉农保险主要分为农房保险、农机和其他农业设施保险、渔船保险、农村短期人身意外伤害保险等。不同于罗伯特博士所述，"农业保险"一词通常不包含农场房屋和设备保险，《农业保险条例》在附则中专门规定其为"涉农保险"。涉农保险是指农业保险以外、为农民在农业生产生活中提供保险保障的保险，包括农房、船舶等财产保险，涉及农民的生命和身体等方面的短期意外伤害保险。

二、农业保险的性质

从本质上来说，农业保险是运用大数法则和互助共济原则，承担农业生产经营者所有的动植物在生长期间因遭受灾害事故所致的损失风险，并按事先约定给予经济补偿的一种保障制度。

农业保险的保险对象是农业生产过程中的各种动植物。它们是生产经营者的重要财产，不同于人身保险的保险对象。因此，农业保险属于财产保险的范畴，是财产保险的重要组成部分。

农业保险虽属于财产保险范畴，但与其他财产保险又有显著的区别。它是一种特殊的财产保险。农业保险与农村财产保险的比较如表 1-1 所示。

表 1-1　　　　　　　　　　　　**农业保险和农村财产保险的比较**

比较项目	农业保险	农村财产保险
保险标的	有生命力的动植物	无生命的物质，大多处于静止状态
保险责任	一般灾害事故，气象灾害、病虫害	一般自然灾害和意外事故
保险金额确定	确定方法多，大多为不足额或变额保险	按原值或重置价值、实际价值确定
标的价值	受供求影响，价值变化快，理赔难度大	虽受价值规律影响，但波动较小
保险期限	按生长周期不同灵活确定，多为短期	一般为一年，偶有短期保险
防灾理赔	技术性强，难度大	相对容易

通过比较可以看出，农业保险是一种损失补偿性质的特殊财产保险。

三、农业保险的特点

（一）保险标的的生命性

这主要是与其他财产保险对比得来的，其主要体现在以下几个方面。

1. 农业保险标的的价值的最终确定性。农业保险标的在其成熟之前不具有独立的价值形态，其价值也始终处于变化之中，只有当其成熟或收获它时才能最终确定。因此，农业保险的保险金额确定、定损时间和办法都与财产保险不同。变动保额以及收获时二次定损等技术都为农业保险所特有。

2. 农业保险标的的生命周期、生长（时间）规律为农业保险业务的开展确定了时间前提。农业保险承保、理赔工作的开展必须适应这些规律，不能违背。

3. 农产品的鲜活性特点使农业保险受损现场易灭失，因此对农业保险查勘时机和索赔时效产生约束。如果被保险人在出险后不及时报案，则会失去查勘定损的机会。农业保险合同如果对时效不专门加以约定，势必会增加保险人的经营风险。

4. 农作物保险标的在一定生长期内受到损害后有自我恢复能力，从而使农业保险的定损变得复杂，尤其是农作物保险，往往需要在收获时进行二次定损。

5. 农业保险标的种类繁多，生命规律各异，抵御自然灾害和意外事故的能力也各不相同，难以制定统一的赔偿标准。

6. 受标的自然再生产过程的约束，农业生产对市场信号反应滞后，市场风险较高，使农业保险易受道德风险的影响。因此，保险人必须在保险合同中设立防范道德风险的条款。

总之，由于有生命的农业保险标的受到自然再生产规律的制约，使得农业保险的运营和管理与一般财产保险有很大区别。农业保险的经营者必须顺应这些规律，如果照搬财产保险的规则，往往是徒劳的且有害无益。

（二）较强的地域性

农业生产及农业灾害的地域性，决定了农业保险也具有较强的地域性，即农业保险在险种类别、标的种类、灾害种类及频率和强度、保险期限、保险责任、保险费率等方面，表现出在某一区域内的相似性和区域外的差异性。农业保险地域性强的特点，决定了开展农业保险只能因地制宜，根据当地的特点，开办适当的险种，制定、使用符合当地实际的保险条款。同时，在农业保险的管理上，要重视农业保险的区划，建立合理的农业保险区域，形成合理的农业保险险种布局，严格控制险种的类型组合和业务规模，在空间和时间上做到险种互补、以丰补歉，以分散农业保险的经营风险。

（三）明显的季节性

农业生产和农业灾害本身具有强烈的规律性和季节性，使农业保险在展业、承保、理赔、防灾防损等方面都表现出明显的季节性。农业保险的季节性特点，决定了农业保险也要讲农时，即农业保险在展业、承保、理赔、防灾防损等技术环节，除要遵守保险经济规律外，还要按农业生产的自然规律办事，要严格把握农业生产的季节性特点来开展业务，组织业务管理，使农业保险的各项技术活动开展得恰到好处，取得最佳效果。

（四）经营结果的周期性

农业保险是针对农业灾害的一种危险管理方式，而大多数种类的农业灾害都具有明显的周期性，这就使得农业保险的经营结果具有某种周期性的特征。这种周期性特征表现为在无大灾的年份某农险险种的赔付率不高，但在大灾年份则出现严重超赔，而大灾年份的出现同农业灾害的周期性密切相关。农业保险经营结果周期性特点表明，不能单独以某一年份的赔付率的高低去评价农业保险(尤其是单险种)经营结果的好坏，而是要从灾害周期的时间跨度去评价农业保险的经营成果。这就决定了：一是农业保险的开办和参与应当是连续性的，至少要超过当地农业风险的一个周期，否则农业风险难以在时间上分散；二是农业保险的会计期间应当与农业风险的周期相适应，以真实地反映农业保险的经营损益。

（五）灾害多发性及理赔集中性

在农业生产过程中，生产对象的生命力比较脆弱，抗灾能力比较差，不仅受多种灾害事故的影响，而且其发生频率较高，影响面较大，损失范围较广，加之受时间影响，要求保险人在交割后应集中、迅速地进行现场查勘，及时定损和理赔，以免延误农时或增加保险理赔工作的难度。

（六）较强的政策性

农业保险的政策性，一方面体现在农业保险的非营利性，即国家开办农业保险的目的是为农业提供保护，而不是像商业性保险一样谋取盈利而获得财政收入，相反，国家还必须拨付一定的财政资金扶持农业保险发展；另一方面体现在农业保险对政府推动力的依赖性，即农业保险作为国家的农业保护政策，属于政府行为，其实施必须依靠政府强制力加以推动。如果缺少必要的法律、经济及行政上的支持，农业保险将难以开展，难以达到保护农业的目的。

四、农业保险的经营难点

在世界保险业中，农业保险一直是发展较缓慢的一类险种。如果没有政府支持，一般保险公司都不愿经营这类风险大、无固定利润的保险。农业的经营难点主要体现在以下几个方面。

（一）保险金额确定难

财产保险金额通常是根据保险标的的实际价值来确定的，农业保险也是如此，但其确定难度极大。原因包括：首先，农业保险标的是有生命力的动植物，其形态时刻在变化，价值也在不断变化。特别是农作物，直到成熟前夕，只能说它处于经济价值的孕育阶段，在每一生长阶段都不能以独立的价值形态出现。这给保险金额的合理确定带来了很大的难度。其次，农产品市场价格变化快、不稳定。农业保险标的具有商品性，其价格受市场供求的影响波动较大，这会对保险金额的确定产生不利影响。

（二）风险测定难

农业生产具有灾害多、发生频繁以及不规律的特点。不仅小灾年年有，大灾经常有，而且在不同地区或同一地区内，发生灾害的种类及损失程度也有很大差异。加之自然灾害具有伴发性特点，除直接造成损害外，还可能引起其他灾害发生，造成新的连环损失，这些都给测定风险及损失率带来了很大的困难。

（三）费率厘定难

农业灾害损失在年际间差异很大，纯费率要以长期平均损失率为基础，但我国有关农作物和畜禽生产的原始记录和统计资料极不完整，长时间的、准确可靠的农作物收获量和损失量资料、畜禽疫病死亡资料难以搜集，耕地占有资料也不准确，从而加大了测定风险及损失率的难度，这就对农业保险费率的精确厘定带来特殊困难。费率厘定难，在很大程度上会影响经营的规定性。这一问题在发展中国家尤为突出。在农业保险经营实践中，一般情况下，不是费率过高，农民承受不了，就是费率过低，保险公司入不敷出，经营难以为继。

（四）定损理赔难

一般财产保险的标的是无生命的物，标的价值容易确定，定损理赔相对容易。农业保险的标的都是有生命的动植物，标的价格在不断变化，赔款应根据灾害发生时的价值计算，而此时农作物还未成熟，畜禽尚处于生长过程中，要正确估测损失程度，预测其未来的产量和产品质量以及未来产品的市场价值都很困难。对于特定风险保险，还要从产量的损失中区别约定风险之外的灾害事故所造成的损失，这也是极不容易的。除了定损技术上的难度，理赔难还表现在人为的干预上，这方面的问题在我国各地试验中都很突出。

（五）分散风险难

农业风险单位很大，对于水灾、旱灾、风灾等农业风险，甚至以数省为一个风险单位，小则一省也不过几个风险单位，因此由一县、一地或一省经营农业保险，风险很难在空间上进行分散。我国台湾地区曾先后两次进行建立农业保险制度的可行性研究，但最终因为空间太小，一次台风就会使全岛受灾，保险赖以存在的风险分散机制发挥不了作用，农业保险制度也就不能成立，因此只好作罢。

（六）经营管理难

农业生产经营者居住分散、交通不便，加上保险标的种类多、保险金额少、工作量很大，为农业保险的展业承保、防灾防损及查勘理赔带来很多困难，从而导致农业保险承保质量欠佳，赔付款中水分大，经营管理困难，进而造成业务发展缓慢甚至萎缩或停办。

（七）逆向选择与道德风险控制难

逆向选择是指经营状况较差或面临高风险的农业生产经营者，有意隐瞒某种风险或投保动机，积极投保相关保险；而经营状况好、风险较低者则不愿意投保。长此以往，就会使高风险业务集中，不仅损害其他被保险人的利益，也会导致保险赔付率剧增，甚至造成经营亏损。

道德风险则是被保险人为了骗取保险赔款而有意制造风险事故。一般来说，对于道德风险造成的损失，保险人发现后不予赔付。但由于在农业保险中双方存在信息不对称，承保、定损与理赔中的道德风险和逆选择很难避免，这是农业保险经营中的最大风险，也是国内外农业保险行业共同面临的难题。

五、农业保险的政策属性

（一）政府对农业保险进行补贴的理由

1. 政府是农业保险的第一需求者

农业是国民经济的基础。政策性农业保险在本质上不是保险，更不是一种商业行为，而是借用保险外壳或者操作机制，实现国家农业发展目标的政策工具。因此，从某种意义上来说，政府是农业保险的需求者。尤其对中国这种农业大国来说，当粮食安全、农业持续发展和农民利益保护成为国家的头等大事时，政府可能就成为农业保险的第一需求者，而农民则是农业保险的第二需求者。

2. 农业保险补贴是更有效的支农政策工具

农业在国民经济中的基础地位及其"弱质性"产业特点，决定了国家必须采取政策措施来对农业加以保护和扶持。各国对农业进行补贴，是保证农业可持续发展和粮食安全的需要，也是保证农产品特别是食物廉价供给和增强农业国际竞争力的需要。这种补贴政策不仅是中国的既定政策，也是其他发达国家和发展中国家的既定政策。

农业财政补贴可以通过直接补贴的方式，也可以采取农业保险保费补贴这种间接补贴的方式。相比之下，农业保险保费补贴更有效率，原因如下：第一，农业保险保费补贴经由保险机制可以产生独特的"杠杆效应"。例如，财政直接补贴1元钱给农户，就只能给农户带来1元钱的效用；但如果给农户补贴1元钱的农业保险保费，农户用这1元钱买到的农业保险保障可能是100多元，从而具有杠杆式放大效应。第二，农业保险补贴更具精准性。直接补贴是一种一般的财政再分配方式，往往强调公平性和普惠性，很难做到精准性，因此效率性难以得到保证。而通过农业保险保费补贴方式间接补贴农业，财政资金的再分配方式就转变成了保险再分配方式。保费补贴本身是普惠的和公平的，但是保险赔款只补偿给那些为国家生产粮食且遭受灾害损失的农户,而且农业生产贡献越大或损失越大,获得的赔款就越多,从而具有较高的精准性,能更有效地支持农业再生产,起到直接补贴达不到的作用。第三,农业保险补贴更加符合 WTO 规则。按照 WTO 规则,对于我国而言,价格补贴等财政直接补贴资金如果超过该作物产值 8.5% 的水平即为"爆箱",就要受到其他国家的质疑。但如果将财政直接补贴资金改为农业保险补贴资金,就较难"爆箱",因为大多数农业保险补贴都可以划入"绿箱"范围。

(二)政府在农业保险中的主要责任

1. 确定农业保险的发展目标

既然政策性农业保险是政府重要的支农工具,政府首先要明确发展政策性农业保险要达到什么目标。不同的国家或地区在不同时期,其农业保险发展目标也不完全相同。

2. 颁布专门的农业保险法律法规

农业保险涉及政府、保险公司和投保农户的权利和义务关系,这种法律关系不同于普通的商业保险,因此各国在发展农业保险之初,都制定了相应的农业保险法律法规以提供制度保障,而后在经营环境发生变化、农业保险需要进行重大变革时,也都是通过修订法律来推动。

3. 构建农业保险经营组织体系

农业保险经营组织是农业保险关系中重要的三方主体之一,是农业保险计划得以推行的重要依托,也是一国农业保险制度的重要内容之一。在建立农业保险制度的国家,都根据国情依法设立为农业生产者提供服务的农业保险经营组织。总的来看,农业保险经营组织形式包括政策性农业保险机构、商业保险公司、农业保险合作社及其联合社、农业相互保险社和农业相互保险公司等。

各国农业保险经营组织体系的建立,是由其整体的农业保险制度所决定的。农业保险制度模式不同,其农业保险经营组织体系也不同。对于采取政府主办下的国有化模式的国家,主要依靠政策性农业保险机构开展经营活动;

对于采取政府扶持下的商业化模式的国家，主要依靠商业保险公司；对于采取政府支持下的国有化—商业化混合模式的国家，国有农业保险企业、商业保险公司相互配合，共同发挥作用；对于政府支持下的互助合作化模式的国家，则依托农业互助合作保险组织经营农业保险。

4. 制订农业保险实施计划

政府对政策性农业保险提出具体的实施计划，体现的是一种政府责任，有利于保证财政资金使用的方向，使其发挥更好的效能，起到稳定农业生产、保证粮食安全和稳定农民收入的多重作用。

政府提出的农业保险计划，主要内容包括农业保险的标的品种、风险保障、保费分担及相关管理规定等带有政策属性、实施范畴、实施标准等的明确意见，以便农户和保险公司遵循和把握，自主地开展某项农产品的保险活动。

5. 对农业保险进行财政支持

从世界各国农业保险的实践来看，政府财政支持农业保险发展的政策主要包括：为商业保险公司及合作保险组织提供管理费补贴、再保险补贴、税收减免和优惠；为农户提供保费补贴；建立农业巨灾风险专项基金等。各国综合运用多种补贴方式，优势互补，从不同的途径对农业保险发展机制形成激励，保证农业保险的持续发展。

6. 制定农业保险经营规划

政府为政策性农业保险提供各种财政支持，势必会关心农业保险的经营秩序和财政资金的使用效率。因此，政府对农业保险的关注度要高于普通的商业保险，为了保证经营秩序和经营环境，政府一般会对农业保险制定经营规则。

例如，美国根据《1938 年联邦农作物保险法》的规定建立了联邦农作物保险公司(Federal Crop Insurance Corporation，FCIC)，其总经理由农业部部长任命。法律赋予 FCIC 统一制定联邦农作物保险合同条款的权力，并且将条款发布在联邦法规中。联邦农作物保险的销售、险种、承保对象、保障范围、保险费率、损失评定、再保险等重要事项全部由农业部或 FCIC 决定，相关规则被纳入了《1938 年联邦农作物保险法》。FCIC 有权承保《1938 年联邦农作物保险法》中规定的所有种类农作物保险。但 1980 年之后，政府鼓励商业保险公司承保，FCIC 则逐渐减少了直接承保业务。到 2001 年，FCIC 基本已不再直接承保。法律规定，商业保险公司经 FCIC 的审核批准后才能经营由政府推行并给予补贴的农作物保险。商业保险公司承保费率由美国农业部的农业风险管理局制定，通过不同费率进行市场竞争被明确界定为违法行为。

7. 收集和发布相关信息

为了使农民、社会公众、政府部门和保险公司了解政策性农业保险的运作情况并满足保险公司对费率精算的数据需求，政府应对与政策性农业保险有关的数据和信息进行收集和发布。例如，美国法律规定 FCIC 及农业部有义务进行相关数据收集和信息发布。FCIC 通过农民提交的报告和记录，收集被保险农产品的年度数据，包括农作物的土地面积、亩产量、已种植和未播种的土地面积等。FCIC 通过农业部的地方办事处让农民获得最新的联邦农作物保险信息，以及农作物保险代理人和保险公司名单。

8. 业务监督和违规处罚

依法依规对农业保险实施严格的监督管理是政府的一项重要责任，以保证保险公司合规运行，形成良好的农业保险秩序，维护好保险双方的权益，特别是投保农民的正当权益，确保农业保险的稳健运行和发展。

我国政府专设保险监督管理机构对农业保险业务实施监督管理。监督管理具体包括：制定从事农业保险经营机构的资质准入条件，对农业保险的条款和费率进行审批和备案，对农业保险的经营活动进行监督管理，对农业保险运行开展绩效考核，等等。

美国农业部依法对联邦农作物保险计划的运作进行监督，具体实施由农业部长授权 FCIC 进行，由农业研究服务局承担协助监督的职责。

第二节　农业天气指数保险

一、农业天气指数保险的概念

（一）农业指数保险概述

农业指数保险是一种新型的农业保险产品，在农业风险管理中具有独特的优势和应用价值，但同时也在风险建模和费率厘定中面临着一系列挑战。农业指数保险分为政策性农业指数保险和商业性农业指数保险两类。

农业指数保险是指根据农业保险合同的约定，对保险人在种植业、养殖业生产中因保险标的遭受约定的实际价格低于目标价格或者实际气象条件高于或低于约定气象条件时所造成的财产损失，承担保险金责任的保险产品。

（二）农业天气指数保险的概述

农业天气指数保险是农业保险的创新性产品，在应对全球天气变化带来的农业生产风险方面具有重要的作用。不同于传统农业保险产品，农业天气指数保险在克服逆向选择和道德风险、降低交易成本上具有明显优势。

农业天气指数保险，是指在指定区域把一个或几个气象条件对农作物的损害程度指数化，每个指数都有对应的农作物产量和损益，保险合同以这种指数为基础，当指数达到一定水平并对农作物造成一定影响时，投保人就可以获得相应标准的赔偿。指数保险赔付标准较为客观，保单简易透明，可以有效避免道德风险和逆向选择的发生，在获得有效数据的情况下，赔付程序简单，大大减少了交易成本。

二、农业天气指数保险的特点

(一)农业天气指数保险能够有效地克服逆选择和道德风险

尽管投保人相对于保险人更了解自己的农作物状况,但农业天气指数保险并不以个别生产者所实现的产量作为保险赔付的标准,而是根据现实农业天气指数和约定天气指数之间的偏差进行标准统一的赔付。因此,在同一农业保险风险区划内,所有的投保人以同样的费率购买保险,当灾害发生时获得相同的赔付,额外的损失责任由被保险人自己承担。这种严格规范的赔付标准极大地解决了信息不对称问题,进而解决了逆选择和道德风险问题。

(二)农业天气指数保险的管理成本较低

农业天气指数保险管理成本远远低于传统农业保险,主要源于以下三个方面的原因:第一,农业天气指数保险合同是标准化合约,无须根据参保人的变化来调整合同内容。第二,农业天气指数保险不需要对单个农产品进行监督。第三,一旦发生保险责任损失,保险公司并不需要复杂的理赔技术和程序,只需从气象部门获取统计的气象数据,保户可直接按照公布的指数领取赔偿金。

(三)农业天气指数保险合同的标准化程度高

农业天气指数保险合同的标准化使得其易于在二级市场上流通,这不仅方便人们获取保单,而且定价过程更加遵循市场供求规律。此外,较强的流动性有利于在条件成熟时将其引入资本市场,利用强大的资本市场来分散农业风险。

(四)赔付标准简单易懂

指数合约保险所依据的赔付标准更加简单易懂,农民接受程度高,同时也减少了政府和相关部门对农民的教育成本。

第二章　农业天气指数保险发展现状

第一节　国外农业天气指数保险发展现状

国外农业天气指数保险发展依靠各国较为完善的农业保险体系，其运行过程中又根据各国的现实需要创造了适合本国发展的保险制度和保险产品。各国依靠自身的农业保险体系，农业天气指数保险得到了一定的发展和应用，解决了部分农业生产问题，对保障本国农业生产持续性发展具有重要作用。

一、发达国家农业天气指数保险发展现状

（一）概述

天气保险指数的起源可追溯到 20 世纪 20 年代印度实施的农业地区产量指数保险。日本在 1999 年就已开始实施农业天气指数保险，成为最早运用农业天气指数保险的国家。20 世纪 40 年代，美国开发了多种关于农业生产保险的险种，其中包括天气指数保险。20 世纪 70 年代后，加拿大部分地区开始引入地区产量保险指数。随后，各种国际组织包括联合国粮食及农业组织（FAO）、联合国贸易和发展会议（UNCTAD）、世界银行等都为天气指数保险的发展作出了重要贡献。目前，日本、印度、加拿大、美国、墨西哥等国家已经形成比较成熟的农业天气指数保险制度，在农业减灾减损方面发挥了巨大的作用。

发达国家如美国、加拿大、日本、法国、德国、瑞典、瑞士等国的经济发展水平总体较高，其农业具有土地所有权较为集中、机械化程度较高、从事农业生产的人口较少等特征。与此相对应，农业保险的发展也有其自身的特点。主要可以概括为开办农业保险的历史较为悠久，承保面大，开办险种多，保险责任范围逐步扩大，保险组织形式发生变化，多种费用及风险分摊方式以及提供法律保障。

(二)发达国家农业天气指数保险发展历程

1. 初期探索阶段(20世纪90年代前期)

20世纪90年代以前,农业保险主要是基于传统的农作物损失评估方法,如收成损失、产量损失等,然而这些方法往往存在成本高、赔偿滞后等问题。在此背景下,农业天气指数保险作为一种创新的风险管理工具逐渐受到关注。

以美国和欧洲为例,早期,天气保险在美国并没有得到广泛应用,其主要是基于传统的农作物保险方式。然而,随着气候变化带来的极端天气事件频发,以及农业生产对天气风险的依赖,美国开始探索农业天气指数保险的可行性。最初的保险产品主要集中在通过气象数据(如降水量、温度等)来设计和支付赔偿。欧洲的一些国家,如英国和法国,在20世纪90年代初也开始尝试农业天气指数保险产品。初期的产品设计比较简单,主要基于降水量指数,利用天气站的气象数据来判断农田是否受灾。这一阶段的保险产品虽然存在市场接受度低、数据不完善等问题,但为后续的产品创新奠定了基础。

2. 技术进步与市场拓展(20世纪90年代末至21世纪初)

进入20世纪90年代末,随着气象技术和大数据的迅速发展,天气指数保险逐渐走向成熟。

美国在21世纪初正式引入天气指数保险产品。美国农业部(USDA)开始推广"天气衍生产品"(Weather Derivatives),特别是在2000年左右,推出了基于天气的天气衍生品市场,用于农业生产者规避极端天气带来的风险。2004年,美国农业部通过国家气象局和私人保险公司合作,推出了基于降水量和温度的天气保险产品。此阶段的天气指数保险不仅局限于气象站数据,还包括卫星遥感技术和气象模型的应用,使得保险产品的精准度和可操作性大大提升。

与此同时,欧洲一些国家也推出了天气指数保险产品,尤其是在葡萄酒生产区,这些地区的气候变化对葡萄的种植和酒的生产具有重大影响。天气指数保险通过利用降水量、温度等数据来为农民提供天气风险保障。2002年,法国推出了"气候灾害保险"项目,对农业生产中的极端天气事件(如干旱、暴雨等)提供保障。

3. 创新发展与产品多样化(21 世纪 10 年代至今)

进入 21 世纪 10 年代,天气指数保险在发达国家市场逐渐成熟并创新,产品的种类和覆盖范围不断扩大。

美国在这期间进一步扩大了天气指数保险的应用,除了传统的降水量和温度指数保险外,还推出了基于风速、光照等气象因素的指数产品。2010年,美国农业部与私人保险公司合作,推出了"气候风险管理产品",该产品通过精确的气象数据分析,帮助农民更好地应对气候变化带来的风险。2014年推出"区域风险保护计划"(Area Risk Protection Insurance,ARPI),整合卫星遥感数据优化指数设计。此外,美国还开发了包括灾难债务支付、指数灾难债券等金融工具,帮助农业企业管理气候风险。截至目前,美国农业天气指数保险有以下几种:干旱指数(覆盖中西部平原)、高温指数(加州葡萄园)、霜冻指数(佛罗里达柑橘)。

欧洲一些国家逐渐开始关注气候变化,通过更精细化的气象数据模型来推动天气指数保险的应用。例如,2012 年,西班牙推出了基于多气象指数的保险产品,尤其是在农业气象站数据的基础上,结合卫星数据和气候模型,向农民提供更加个性化的保险服务。2016 年,英国推出了"气候适应性保险"计划,专门针对农民和小型农业经营者,提供天气风险的定制化保险产品。2020 年,日本试点"暴雨累积降雨指数保险",依托气象厅(JMA)分钟级降雨数据。

澳大利亚在极端气候条件下(如干旱、洪水等)具有较高的气象风险,因此该国也在积极推动天气指数保险。自 2007 年起,澳大利亚通过"气候保险计划"(Climate Insurance Program)引导农业保险公司和农民合作,推出基于降水量、湿度、风速等的天气指数保险。澳大利亚的成功在于将天气数据、卫星遥感和农作物生长模型相结合,实现了对风险的精确管理。

(三)发达国家农业天气指数保险的发展现状

这里主要以美国、加拿大、日本以及澳大利亚为例,具体说明发达国家

21

在农业天气指数保险领域的政策支持、产品创新、市场参与度以及技术应用等方面的情况。

美国是农业天气指数保险发展较成熟的国家之一。政府通过一系列农业法案为农业保险提供了强大的政策支持和补贴，其主要特点可以概括为：第一，产品丰富多样：涵盖了多种农作物和气象灾害类型，如针对玉米、小麦等主要农作物的干旱指数保险、降雨指数保险等。不同地区根据当地的主要气象灾害和农业生产特点，开发了具有针对性的保险产品，以满足农户的多样化需求。第二，技术应用广泛：利用先进的气象监测技术和大数据分析，能够精准地获取气象数据，并据此计算天气指数，确定保险赔付触发条件和赔付金额。例如，通过遍布全国的气象站点和卫星遥感技术，实时监测降水、温度、风速等气象要素，为保险业务的开展提供了坚实的数据基础。第三，市场参与度高：众多商业保险公司积极参与农业天气指数保险市场，形成了较为充分的市场竞争格局。同时，农业合作社等组织也在协助农户购买保险、提供风险管理咨询等方面发挥了重要作用，提高了农户对天气指数保险的认知度和接受度。

加拿大农业以大规模农场经营为主，农业天气指数保险在其农业风险管理体系中占据重要地位。其特点可以概括为：第一，区域特色明显：根据不同省份的农业生产布局和气候条件，开发了适应本地需求的保险产品。例如，在草原地区，针对干旱对小麦和油菜籽生产的影响，重点推出干旱指数保险；而在沿海地区，则侧重于开发与降水过多相关的洪涝指数保险。第二，公私合作模式：政府与商业保险公司合作开展农业天气指数保险业务。政府承担部分保费补贴和再保险责任，商业保险公司负责产品设计、销售和理赔等具体业务运营，充分发挥了政府和市场的优势，提高了保险服务的效率和质量。第三，风险管理教育深入：通过农业推广机构、农场协会等组织，开展广泛的农业风险管理教育活动，向农户普及天气指数保险的原理、优势和操作方法，增强了农户的风险意识和保险意识，促进了保险业务的顺利开展。

日本农业资源相对匮乏，自然灾害频发，对农业生产造成了严重影响。农业天气指数保险在日本得到了积极的发展和应用。其特点可以概括为：第一，精细化产品设计。针对日本农业生产的精细化特点，天气指数保险产品的设计也更加精细。例如，不仅考虑了总的降水量和气温等常规气象指标，还将灾害发生的时间节点、持续天数等因素纳入保险责任范围，更加精准地反映了气象灾害对农作物生长关键阶段的影响，提高了保险赔付的合理性和科学性。第二，与农业政策紧密结合。日本政府将农业天气指数保险作为农业支持政策的重要组成部分，与其他农业补贴、信贷政策等相衔接，形成了较为完善的农业政策体系。农户购买天气指数保险可以获得一定的政策优惠，如保费补贴、贷款优先等，从而提高了农户的参保积极性。第三，农业共济组织主导。农业共济组织在日本农业保险市场中发挥着主导作用，其在天气指数保险的推广和实施过程中，依托广泛的基层组织网络，深入农村地区，为农户提供便捷的保险服务。同时，农业共济组织还积极参与天气指数保险产品的研发和创新，根据农户的反馈不断改进产品条款和服务内容。

澳大利亚农业生产具有高度的商品化和国际化特点，农业天气指数保险为其农业产业的稳定发展提供了有力保障。其特点可以概括为：第一，基于市场需求创新。澳大利亚的农业天气指数保险产品紧密围绕市场需求进行创新。例如，针对羊毛产业，开发了与牧草生长季的降水和温度相关的指数保险产品，以保障羊群的饲料供应，从而稳定羊毛产量和质量；同时，还针对水果、蔬菜等园艺产业，推出了与花期低温、果实膨大期降水等气象条件挂钩的保险产品，满足了不同农业产业的风险管理需求。第二，远程监测与智能定损技术。利用先进的远程监测技术，如无人机航拍、卫星图像分析等，对农作物的生长状况和受灾情况进行实时监测和评估。在定损理赔环节，通过智能算法和数据分析模型，快速准确地确定保险赔付金额，大大提高了理赔效率，降低了理赔成本，增强了保险产品的吸引力。第三，国际再保险市场的参与。澳大利亚的农业天气指数保险业务积极参与国际再保险市场，通过与国际再保险公司的合作，有效分散了保险风险，提高了保险公司的承保能力和抗风险能力，为农业天气指数保险业务的可持续发展提供了坚实的保障。

（四）发达国家农业天气指数保险发展面临的挑战

尽管发达国家在农业天气指数保险发展方面取得了显著成就，但仍面临一些挑战。具体表现为以下几个方面：第一，基差风险问题。天气指数的选取和计算方法可能无法完全准确地反映农户实际遭受的气象灾害损失，导致保险赔付与实际损失之间存在差异，即基差风险。这可能影响农户对保险产品的信任度和满意度，需要进一步优化指数设计和保险合同条款，以降低基差风险。第二，数据质量和隐私问题。天气指数保险的开展依赖大量准确的气象数据和农业生产数据。然而，在数据收集和共享的过程中，可能存在数据质量不高、数据更新不及时以及数据隐私泄露等问题，这给保险业务的精准定价和风险评估带来了一定的困难，需要加强数据管理和安全保障措施。第三，农户认知度和接受度有待提高。部分农户对天气指数保险的原理、优势和操作流程了解不够深入，仍然习惯于传统的农业保险产品或其他风险管理方式。因此，需要进一步加强农业保险知识的普及和宣传推广工作，提高农户的认知水平和接受度，促进农业天气指数保险市场的健康发展。

二、发展中国家农业天气指数保险发展现状

（一）概述

1999年以后，在世界银行和国际食物政策研究所等国际机构的推动、支持和参与下，一大批发展中国家，包括埃塞俄比亚、摩洛哥、突尼斯、墨西哥、印度、马拉维、阿根廷、乌克兰、罗马尼亚和越南等，陆续进行了天气指数保险的可行性研究。其中，一些国家在可行性研究之后，设计并实施了试点项目。

许多发展中国家已将天气指数保险引入农业保险市场，开发了针对多种天气的指数化保险产品，如印度、墨西哥、马拉维、埃塞俄比亚和坦桑尼亚开办的干旱指数保险；孟加拉国与越南开办的洪水指数保险；加勒比群岛开办的飓风指数保险；蒙古开办的大型牲畜巨灾指数保险，等等。其中，印度

天气指数保险的发展历史最长，品种最多，市场规模最大。

（二）发展中国家农业天气指数保险发展历程

1. 初期探索阶段（20 世纪 90 年代）

农业天气指数保险的概念最早在 20 世纪 90 年代末期由世界银行提出，旨在解决发展中国家农业生产中面临的气候风险。由于传统的农业保险在很多发展中国家难以实施，部分原因是缺乏有效的赔偿机制、行政管理成本高、农民信息不对称等问题，气象指数保险被视为一种潜在的解决方案。

随后，世界银行与印度政府合作，推出了第一个基于降水量的天气指数保险计划。这个试点项目主要通过天气数据（如降水量）来计算保险赔偿金额，试图为农民提供对干旱和洪水等气象灾害的保障。进一步地，在 2003 年，非洲一些国家也开始探索类似的保险产品，特别是在撒哈拉以南那些气候波动对农业生产构成严重威胁的国家。

2. 技术和方法的发展（21 世纪初 00 年代）

进入 21 世纪后，随着气象数据和信息技术的进步，农业天气指数保险在全球范围内得到了更广泛的关注和试点。气象数据的收集和分析变得更加准确，同时卫星技术和遥感技术的应用使得天气数据的获取更加高效和精确。

首先，由国际农业发展基金会（IFAD）和其他国际组织推动的天气指数保险项目在肯尼亚和坦桑尼亚等国家展开，采用气象数据作为保险触发条件。随后，印度和孟加拉国等国进一步拓展了农业天气指数保险的范围，增加了更多气象因素，如土壤湿度、温度等，提升了保险产品的适应性。接着，哥伦比亚推出了基于气象指数的保险产品，尤其是针对干旱、洪水等极端气候事件，确保农民能通过保险获得及时的经济援助。

3. 规模化推广与政策支持（21 世纪 10 年代）

随着保险市场的不断发展，农业天气指数保险逐渐成为发展中国家应对气候变化的有效工具。此时，政府和国际组织开始在更大范围内推广这种保险模式。

首先是印度政府开始大规模推广农业天气指数保险，并将其纳入国家农业保险计划。例如 2015 年，印度政府启动"Pradhan Mantri Fasal Bima Yojana"
（总理农作物保险计划，PMFBY），该计划为农民提供基于气象数据的保障，
特别是针对农作物生长周期中的气象异常（如降水异常）。

随后在非洲，尤其是在撒哈拉沙漠和东非地区，非洲发展银行（AFDB）
和全球气候基金（GCF）联合推出了"气候保险计划"，以推动农业天气指数保
险的普及。例如，2010 年，Syngenta 基金会推出"Kilimo Salama"（安全农业）
项目，这是非洲首个天气指数保险，该天气指数农业保险利用的是移动基站
降雨数据。此外，在 2018 年，该保险扩展至"家畜降水指数保险"，覆盖范围
又增加了牧民干旱风险。非洲尤其是肯尼亚、乌干达、坦桑尼亚等国，农业
天气指数保险产品逐渐覆盖了更多的农民。这些国家通过合作社等形式，将
天气指数保险的覆盖面扩大。接着全球多个国际组织如世界银行、联合国粮
农组织（FAO）等，推动了天气指数保险的发展。特别是在气候变化带来的极
端天气风险加剧的背景下，这种保险产品成为应对气候风险的重要工具。

4. 深化与创新（21 世纪 20 年代之后）

进入 21 世纪 20 年代后，农业天气指数保险进入了更加成熟的阶段。保
险产品开始注重创新，尤其是在使用大数据、人工智能和物联网技术的背景
下，气象数据的准确性和应用范围进一步拓宽。例如，2021 年，巴西试点
"咖啡霜冻指数保险"，该保险覆盖了米纳斯吉拉斯州产区。21 世纪 20 年代
后的这些项目有一个更加突出的特征，即农业天气指数保险不仅仅依赖天气
数据，还结合了当地农业的特点和气候变化的预测模型。

（三）发展中国家农业天气指数保险的发展现状

这里主要以印度、埃塞俄比亚以及马拉维为例，具体说明发展中国家在
农业天气指数保险领域的政策支持、产品创新、市场参与度以及技术应用等
方面的情况。

印度是农业大国，农业天气指数保险的发展较为迅速。印度的一些地区
针对季风降雨不足或过多等天气情况设计了指数保险产品。例如，在部分干
旱频发地区，以降雨量指数为基础的保险计划得以实施。当降雨量低于特定

阈值时，农民可获得相应赔付，以弥补因干旱导致的农作物减产损失。此外，印度政府也在积极推动此类保险的发展，通过补贴等方式提高农民的参保率，一些邦政府与保险公司合作，为小农户提供保费补贴，降低了农民的参保成本，使得保险覆盖范围不断扩大。

埃塞俄比亚的农业生产主要依赖雨水灌溉，天气变化对农业生产影响巨大。该国推出了基于降水指数的农业保险项目，旨在保护农民免受干旱和降水异常的影响。当地的保险公司与国际组织合作，利用气象数据和农业生产数据确定保险指数和赔付标准。同时，为了提高农民对保险产品的认知和接受度，开展了广泛的教育和推广活动，包括培训农民代表、利用社区会议和广播等渠道宣传保险知识，使得越来越多的农民开始参与天气指数保险，一定程度上增强了农业生产的抗风险能力。

马拉维的农业经济脆弱，易受干旱、洪水等自然灾害冲击。其农业天气指数保险主要关注降水和气温指数，为玉米等主要农作物提供风险保障。在实施过程中，保险公司与农业部门合作，根据当地的农业生态区划分，制定了差异化的保险产品，以更好地适应不同地区的农业生产特点和天气风险状况。并且，通过建立移动支付平台等方式，简化了理赔流程，提高了赔付效率，使得保险的吸引力有所提升，参保农户数量逐渐增加。

(四)发展中国家农业天气指数保险发展面临的挑战

第一，开办农业保险的历史较为短暂。这些国家都是在取得民族独立并经过一段时间的稳定后才开始试办农业保险。如印度从1961年开始农作物保险试点；泰国于1977年开办了小范围的棉花保险，1980年开办了奶牛保险，1982年开办了玉米保险试点；菲律宾于1980年成立农业保险有限公司；巴基斯坦从1981年开始，由农作物保险委员会的主要成员——农业发展银行试办水稻、小麦保险。

第二，保险险种少，涉及范围小。各国都是在小范围里进行少量险种的试点，所开办的险种也是根据政府农业政策的重点。选择在农业生产中占比大的农作物进行保险。如印度主要是小麦保险和少量的水稻、棉花和牲畜保险；泰国是小规模的棉花和牲畜保险；只有斯里兰卡和菲律宾在全国范围内开办水稻保险。

第三，保险责任范围较窄。这些国家对农业保险的责任范围均有一定的限制，一般不承担"一切险"。只有政府开办或有政府财政支持作后盾的保险公司才有能力承保"一切险"。如孟加拉国、巴基斯坦和泰国对农作物保险只负责气象灾害，不保病虫害。

第四，保险组织形式主要是联合共保或政府机构参与。如印度以综合保险公司为主，与邦、区级的银行进行联合共保；孟加拉国是以综合保险公司为主，与农业合作社合办。而政府机构参加农业保险的有：斯里兰卡的农业保险理事会为农业部所属政府机构；马来西亚由农业部和农业银行负责开办农业保险；巴基斯坦成立了农作物保险委员会，其中农业部为召集人，农业发展银行为主要成员，并有保险公司和银行集团的代表参加。

第五，保险实施方式主要是强制保险方式。如斯里兰卡对水稻实行强制保险；印度、菲律宾、泰国要求所有从政府农贷机构或别的商业银行得到短期贷款的农户必须参加保险，保额以贷款额为限，保费直接从贷款中扣除，赔款往往也直接支付给放贷机构。

第二节　国内农业天气指数保险发展现状

一、概述

相比国外农业天气指数保险的发展，中国的农业天气指数保险发展相对滞后。另外，中国的农业天气指数保险对象主要是水稻、蔬菜、蜂蜜、烟叶以及水产品等，涉及的产品范围有待扩大。但是，近些年来，中国农业天气指数保险涉及的范围呈现不断扩张的趋势，保险对象也不断扩大，保险产品不断推陈出新，保险公司不断增多，政府对农业天气指数保险产品的开发越来越重视。

二、中国农业天气指数保险发展历程

(一)起步探索阶段(2007—2010年)

2007年我国开始政策性农业保险试点工作。2007年6月,农业部、国际农业发展基金(IFAD)和联合国世界粮食计划署(WFP)等机构在北京共同商讨开展农村脆弱地区天气指数农业保险的合作,旨在提高中国小型农户应对灾害风险的能力。2008年4月,项目在中国农科院启动,三方共同出资,设立了"农村脆弱地区天气指数农业保险"国际合作项目,安徽为该项目试点省。2009年11月24日,我国首款农作物旱灾指数保险产品经过保监会批准,在安徽省长丰县部分乡镇开展了试点工作,这标志着我国在天气指数保险上的实践探索正式展开。与此同时,部分地区和机构开始关注并尝试引入天气指数保险这一创新模式。例如,在上海、安徽等地针对一些特色农作物开展了初步的天气指数保险试点项目,主要选取了对当地农业生产影响较大的气象指标,如降雨量、气温等作为指数设计的基础,探索保险产品的可行性和适应性。然而,由于初期缺乏足够的经验和数据积累,产品设计相对简单,保险覆盖范围较小,且在实际运行中遇到了一些诸如气象数据精度不够、农民对新产品认知不足等问题。

(二)试点推广阶段(2011—2015年)

随着对农业风险管理的重视程度不断提高,农业天气指数保险进入试点推广阶段。这一时期,更多的地区开始参与试点,保险标的范围进一步扩大,涵盖了粮食作物、经济作物以及部分养殖品种等。在产品设计方面,开始综合考虑多种气象因素,并结合当地农业生产特点进行优化。例如,在河北等地针对冬小麦设计的天气指数保险,不仅考虑了降水和温度,还纳入了光照时长等因素,使保险指数更加科学合理。同时,政府部门加大了对试点项目的支持力度,通过财政补贴等方式提高农民的参保积极性,部分地区的参保率有所提升。但在推广过程中,依然面临着基差风险较大、保险机构经营成本较高等挑战，一些试点项目的可持续性受到了一定影响。

（三）深化发展阶段（2016 年之后）

2016 年中央一号文件明确"探索天气指数保险"，为我国农业天气指数保险的发展提供了政策支持和发展机遇。随后，2018 年黑龙江试点大豆降雨指数保险。通过此次试点，验证了农业天气指数保险在农业风险管理中的有效性，为在全国范围的推广提供了诸多经验。2020 年《关于加快农业保险高质量发展的指导意见》要求"扩大指数保险试点省份"，随后 2021 年在海南即推出"橡胶风灾指数保险"，此农业天气指数保险在当地风速 ≥10 级时触发赔付。2023 年浙江试点"茶叶霜冻区块链指数保险"，实现数据不可篡改与自动理赔。这次试点是我国农业天气指数保险发展的重要创新实践。通过区块链技术的应用，试点项目提高了保险的透明度、精确性和效率。

近年来，我国农业天气指数保险进入深化发展阶段。一方面，随着大数据、卫星遥感、物联网等技术在农业领域应用的不断深入，气象数据的获取更加精准及时，为保险产品的精算定价和风险评估提供了有力支持。保险公司能够根据更详细准确的气象信息优化保险条款，降低基差风险，提高产品的吸引力和可靠性。另一方面，在政策层面，国家出台了一系列鼓励农业保险创新发展的政策文件，明确提出要推动农业天气指数保险等创新型产品的发展，为其营造了良好的政策环境。各地积极探索创新经营模式，加强与农业企业、合作社等新型农业经营主体的合作，拓展保险服务渠道，提高保险服务质量和效率。同时，在一些地区开始尝试建立农业天气指数保险与其他农业风险管理工具相结合的综合风险管理体系，进一步提升农业风险保障能力。

三、中国农业天气指数保险发展现状

（一）产品创新与多样化

目前，我国已开发出多种农业天气指数保险产品，针对不同地区的主要

农作物和气象灾害特点进行设计。例如，在南方水稻种植区，有以暴雨、高温等灾害为触发条件的指数保险产品；在北方干旱半干旱地区，侧重于干旱指数保险，保障玉米、小麦等农作物因降水不足导致的减产损失。同时，一些地区还推出了特色农产品的天气指数保险，如云南的咖啡、山东的苹果等，产品形式日益丰富，能够在一定程度上满足不同农户的多样化需求。

(二)技术应用与提升

气象监测技术的发展为农业天气指数保险提供了坚实的数据基础。通过卫星遥感、地面气象站点以及物联网传感器等多源数据采集手段，能够实现对农田气象环境的实时监测和精准数据获取。保险公司利用这些数据进行保险指数的精准计算和风险建模，大大提高了保险产品的科学性和定价的准确性。此外，大数据分析技术也被广泛应用于保险业务流程中，包括客户筛选、风险评估、理赔管理等环节，有效提升了保险经营效率和风险管理水平。

(三)政策支持与保障

政府对农业天气指数保险的支持力度不断加大。在财政补贴方面，中央和地方财政共同承担部分保费补贴，降低了农民的参保成本，提高了保险的可负担性和吸引力，使得更多的农户能够参与保险。同时，在政策引导下，各地积极开展试点示范工作，鼓励保险公司创新产品和服务模式，加强与相关部门的协作配合，为农业天气指数保险的发展创造了良好的政策环境和市场氛围。

(四)市场参与主体多元化

除了传统的商业保险公司积极参与农业天气指数保险业务外，一些农业互助保险组织、专业农业保险公司以及互联网金融平台等也逐渐涉足这一领域，市场竞争格局初步形成。不同类型的市场主体发挥各自优势，在产品研发、销售渠道拓展、客户服务等方面进行创新探索，为农业天气指数保险市场注入了新的活力，促进了行业整体发展。

四、中国农业天气指数保险面临的挑战

农业天气指数保险在全国各地蓬勃发展的同时也存在诸多问题，主要表现在以下几个方面。

（一）存在基差风险

基差风险是指保险合约中的天气指数与实际农作物产量之间的差异，可能会导致保险公司或农户需要支付额外的费用或蒙受损失。之所以会存在基差风险，主要包含以下两点原因：一方面是源于天气指数的不确定性，天气指数是基于历史数据、气象模型进行测算而得出，由于天气变化具有一定的复杂性和不确定性，所以也会造成预算准确度存在诸多限制，当天气指数和实际天气情况出现严重偏差时，就会导致基差风险的发生。另一方面是受到市场波动、投机因素的影响，在天气指数保险市场中，通常会存在投机者、套利者，他们可能会通过操纵市场价格、利用信息不对称等相关手段，以达到获取利润的目的。事实上，这种行为不仅会扰乱市场秩序，还会进一步增加保险公司与农户所面临的基差风险。

（二）产品研发的技术要求较高

由于天气变化的不确定性及复杂性，保险公司通常需要借助先进的气象数据分析技术、数学建模方法以及风险评估模型等，以此来明确保险产品的定价、赔付标准等重要参数，而这些技术大多有着较高要求，需要具备专业知识及经验才能正确应用，但我国目前在这方面的研发水平仍然处于滞后状态，导致产品研发技术要求较高。除此之外，为了对天气风险进行准确评估，保险公司常常需要获取大量的气象数据、农业数据等信息，并对其进行精确分析。对此，要求保险公司在数据采集、数据处理、数据挖掘等方面具有较高的技术能力，这也会在一定程度上增加产品研发的难度。

（三）产品研发存在数据瓶颈

天气指数保险的核心在于依赖大量的气象数据进行风险评估，但是，我

国气象数据在质量和覆盖范围方面仍然存在一定的局限性，部分地区的气象站点设备老化、数据采集不及时，甚至有些地区缺乏气象站点，造成数据不全面、不准确，为天气指数保险产品的研发带来困难，无法准确评估风险，进而直接影响到保险产品的设计及定价。而天气指数保险产品的研发，通常也需要大量的历史数据，以此来进行模型验证或风险估算，我国天气指数保险市场仍然处于起步阶段，历史数据的积累不足，使得产品研发困难重重，缺乏有力的数据支持，保险公司难以真正建立可靠的保险模型，从而导致保险产品的设计不够科学合理。

（四）天气指数保险适用范围有限

关于天气指数保险适用范围有限的问题，一方面是因为保险公司的盈利考量，天气指数保险通常需要在设计阶段确定适用的天气指标、赔付条件，保险公司可能会选择那些易于预测或管理的天气指标，忽略那些较复杂的天气指标，最终导致天气指数保险的适用范围受限。另一方面是因为农户对天气指数保险的认知程度不足，在我国部分地区，农户对天气指数保险的理解程度不高，往往存在疑虑或误解，造成其对该保险形式的接受程度相对较低，这将会直接限制天气指数保险在农业领域的推广范围。保险保额设置较为单一，分档分级有待完善。以水产养殖保险为例，其保障等级包括50%～90%，并且灾害性风险保护也能使用。但是，我国收入保险的保险金额较为单一。针对那些新型农业经营主体，未能为其提供多样化的保障金额选择。

（五）缺乏相关的政策支持

现阶段，我国天气指数保险市场仍然处于起步阶段，相关政府部门在政策层面尚未制定完善的支持措施，加上天气指数保险的监管机制并不健全。与传统农险或财产保险相比，天气指数保险具有更高的技术门槛与市场风险，需要政府部门出台针对性政策支持，其中就包括税收优惠、财政补贴等，通过这种方式来鼓励保险公司逐步扩大天气指数保险产品的覆盖范围。而我国监管部门对天气指数保险市场的监管，仍然存在一定的滞后性、不透明性，监管政策不够明确，并且监管手段也不够精准，很多保险公司在开展天气指数保险业务时，往往会存在一定的法律风险，进而对经济市场的健康发展产生不利影响。

第三章　农业风险管理理论

第一节 风险与农业风险管理

一、农业风险

(一)农业风险的定义

农业是人们利用太阳能、依靠生物的生长发育来获取产品的社会物质生产部门。广义上的农业包括种植业、林业、畜牧业、渔业、副业五种产业形式；狭义上的农业一般指种植业。本书所指的农业主要包括种植业、畜牧业和渔业。

本书将农业风险定义为农业生产经营者在生产和经营过程中，自身无法控制的外在不确定因素的影响，导致最终获取的经济收益低于预期收益的可能性。需要说明的是，农业风险不仅影响农业生产者(包括农户家庭、农业合作社、农业企业等)自身，也会直接影响农业产业链上其他主体(如农业生产资料的供应商、农产品加工商、贸易商)，以及服务农业的其他金融机构(如保险公司、商业银行、担保公司等)和政府的经济利益。因此，农业风险分析要从各个利益主体的角度出发，在全面、深入分析的基础上进行农业风险管理，这也是本章第二节提出要对农业风险进行综合风险管理的原因之一。

(二)农业风险的分类

参考已有的研究文献，农业风险常见的分类方式主要有 3 种：根据风险来源分类、根据风险相关性分类和根据风险损失程度分类。

1. 根据风险来源进行分类

农业风险的来源，是指农业生产经营者在生产与经营农业的过程中，导致收益发生损失或低于预期水平的因素。对农业风险来源的认知是管理农业风险的基础，而由于目的不同，可以从不同的角度对农业风险的来源进行分类。本书从风险来源的角度将农业风险分为 4 类：生产风险、市场风险、信贷风险、政策与法律风险。

(1)生产风险是指农业生产经营者在提供确定的物质和人力生产要素的情况下，受到未知和不可控因素的影响，导致所获得的农产品数量和质量低于预期水平的可能。由于农业经营对象是动植物，而动植物有其自身的自然属性，容易受天气和疫病等因素的影响，因此，农业生产风险主要是由不利气候和疫病等自然因素导致的。同时，由于动植物的生长周期一般较长，这些不可控的自然因素往往在农业生产经营者无法知晓和预测的动植物的未来生长期内发生作用，这也增加了生产风险的不可控性。

(2)市场风险，也称为价格风险，指农产品价格与农业投入品价格可能出现不利变动，导致农业收入低于预期水平的可能性。农产品与农业投入品的价格主要是由市场供求关系决定的，农产品供给和需求的变化会集中反映在农产品价格变化上。一方面，农业生产风险的普遍存在，导致农产品总供给并不稳定；另一方面，农产品的需求有时也会因消费心理等因素发生临时性改变，这些都导致了农产品价格的不确定性。

(3)信贷风险指农业经营过程中的各种不确定性以及获取信贷的不确定性，导致在还款期限届满之时，由于农业生产经营者财务状况的不利变化影响其履约能力，致使服务农业的金融机构遭受损失的不确定性。信贷风险往往是一种引致风险，源于农业经营过程中的风险，主要包括生产风险和市场价格风险。农业本身是高风险行业，农民的生产经营收入也存在较强的不确定性，导致金融机构对农业的信贷供给也存在高风险。

(4)政策与法律风险是指与农业、环境保护等相关的政策与法律的变化导致农民从事农业生产与经营收益具有不确定性。由于农业具有准公共物品的性质，包括中国在内的许多国家，政府往往会特别对农业进行各种政策的干预和指导，如中国政府会对农业进行生产指导、对农产品价格进行管理、对农民种植粮食作物进行补贴等。因此，政府政策的变动对农业的影响往往比其他行业更明显。

在上述 4 个风险来源中，生产风险和市场风险是农业的两个基本风险来源。这是因为，信贷风险很大程度上是由生产风险和市场风险引致的风险；而政策与法律风险是由政策与法律制定者干预农业生产与经营导致的，而这些干预措施很大程度上是协助农业生产经营者应对其他风险的。

除此之外，随着经济社会的变革和农业产业的发展，在新形势下农业生产经营过程中的风险有了新的表现形式，出现了一些新兴风险。例如，随着人民生活水平的提高，社会对"舌尖上的安全"关注度明显提升，由此也引发了人们对农产品质量安全风险的关注。

2. 按照风险相关性进行分类

一般而言，根据风险的相关性，风险可划分为独立性风险和系统性风险两种。经济与合作发展组织（以下简称 OECD）在此基础上作了进一步的总结，他们将农业生产经营者面临的风险进一步细分为微观风险、中观风险和宏观风险，分别对应的风险特征是农业风险评估与管理概论个体性、相关性和系统性。我们认为 OECD 的三分类方法更为科学，更适合农业风险的实际情况。因此，根据风险的相关性，本书认为农业风险可分为独立风险、系统风险和中间风险 3 种。

（1）独立风险。独立风险又称为个体风险或可分散风险，是指某因素的变化仅影响到单独个体的收益，使其收益发生损失的风险。在农业生产经营过程中，所谓独立风险是指风险单位之间相互独立、发生具有偶然性且风险损失具有不确定性的风险，如局限于一个乡镇的空间范围内发生的冰雹灾害。独立风险具有发生频率较高、风险单元相对独立、风险相关性弱、风险损失较低的特点，属于经典保险理论涉及的"独立随机风险"，一般采用商业性保险工具可对这种风险进行有效分散和转移。

（2）系统风险。系统风险又称为不可分散风险，是指由于某种因素的变化影响到所有或大范围内市场主体的收益情况，给众多市场主体同时带来损失的风险。在农业生产经营过程中，所谓系统风险是指由于地域的广延性和气象灾害的特点，可能造成较大区域内所有农业生产者同时受到损失的风险。市场价格波动就是一种典型的系统风险，它会影响所有市场参与者的收益。

系统风险具有相关性、同因性和连片性的特征，无法通过普通商业保险来分散和转移，通常采用对冲机制（如买卖合约、期货和期权等管理工具）进行风险分散和转移。

（3）中间风险。中间风险是介于独立风险和系统风险之间的风险，是指由于自然灾害等风险事件造成的风险损失或影响超出了一个小区域范围，影响范围较广但尚未影响到所有市场主体的风险。事实上，在农业生产中，大部分不利天气事件和自然灾害造成的风险属于中间风险。虽然相比完全系统风险，中间风险的影响范围要小一些，如一场大的洪水或干旱可能只会危及邻近的几个省市或县市，但这种具有较强相关性的"中间风险"也超出了传统商业保险的承保能力，有学者研究指出农业领域中因中间风险给保险公司带来的赔付风险是传统商业保险赔付风险的 10 倍左右，这也是商业性农业保险道路走不通的一个重要原因。

3. 按照风险损失程度进行分类

在现实生活中，人们除关注风险来源和相关性外，也重视风险事件造成的损失程度，因其会影响管理主体对风险的防范及管理方式。按照风险损失程度，农业风险可分为常规风险和巨灾风险两种。

从字面上看，似乎很容易理解，所谓常规风险一般是指那些损失程度中等或较低、发生概率较高、经常面临的风险；而所谓巨灾风险是指风险事件造成的损失特别严重、发生概率相对较低的风险。

但事实上，人们很难对两者进行严格区分，常规风险和巨灾风险更多的是一个相对概念。两者的相对性主要体现在两个方面：（1）常规风险是相对巨灾风险而言的，但目前国际上对巨灾风险并没有一个明确统一的定义，有的将洪水、干旱、地震和暴风等具有广泛系统性并导致严重损失的风险归为巨灾风险，也有的将单次灾害一次性经济损失总额超过当年 GDP 0.01% 的灾害定性为巨灾风险；（2）常规风险和巨灾风险都与地域范围相关，具有"空间尺度"的属性。例如对个人或家庭而言，其面临的巨大的经济损失或人身伤害事件是一种巨灾风险，但对社会而言可能并不是巨灾。又如，一个区域农业生产的全部绝收无疑对该区域而言是一个巨灾事件，但对于全国而言可能就不是巨灾风险。同理，对于中国而言可能属于巨灾的自然灾害风险，对于全世界而言可能仅是常规风险。

此外，农业生产的特点使干旱、洪涝等自然灾害常波及较大区域，其系统性风险易诱发巨灾风险，但农业巨灾风险与系统性风险有别，系统性风险常引发巨灾风险，但巨灾风险未必是系统性风险。从根源看，农业巨灾风险分两类：一是由农业生产风险的系统性所致，即损失程度不大但影响范围广，由区域风险的高度相关性和累积性引发；二是由发生概率小但危害极大的自然灾害造成。

（三）农业风险的特征

一般而言，风险的特点包括普遍性、客观性、某一具体风险（事故）发生的偶然性、大量风险发生的必然性和可变性等。而农业风险的作用对象是有生命的动植物，其价值形成有其特殊性，故与一般风险不同，农业风险除具备风险所共有的特点外，还具有一些独特的性质。

1. 农业风险的系统性很高，具有高度的相关性

农业生产易受自然灾害冲击，洪涝、干旱等不利气候常致产量下降，且自然灾害具有地域性、波及范围广、风险单位在灾害中呈现时空高度相关特性。如飓风可使跨省市风险单位短时间受损，涝灾能让大面积风险单位遭难，农业灾害损失的同因性、灾损相关性与连片性显示其具有系统性风险特征。此外，农业市场或价格风险亦为系统性风险，农产品价格波动影响所有生产者收益。由于农业风险（生产与市场风险）的系统性和高度相关性，即便风险小，传统商业保险也难以分摊其损失。

2. 农业风险具有明显的区域性和季节性

农业自然灾害具有明显区域性，我国幅员辽阔，不同地区主要灾害不同，风险类型、频率和强度差异大。高纬度地区气候寒冷、无霜期短，作物易受冻害；长江、黄河中下游地区地势低洼，易遭水涝；西北黄土高原降雨量少，旱灾频发；沿海地区易受台风、赤潮侵袭。农业风险皆由地理气候规律决定。同时，气象灾害季节性突出，如霜冻灾害，春季在北方冬麦区，秋季在东北、

华北及西北，冬季在江南、华南及西南部分地区，农业风险具有显著季节性特征。

3. 农业风险具有阶段损失不确定性和广泛的伴生性

农业生产有其特殊性，农作物的价值在其生长发育过程中是动态变化的，会随着动植物生长周期的变化以及人类劳动和耗费投入的积累而产生变化。因此，对于农作物来说，在不同生长期受到自然灾害的冲击(即使灾害大小一致)，其风险损失程度是有差异的，其风险程度具有不确定性。此外，在农业生产中，单一风险事故的发生往往会引起另一种或多种风险事故的发生，导致农业损失扩散化，而且这种损失是多种灾害事故的综合结果，导致很难区分各种风险事故各自的损失后果。例如，在雨涝灾害季节，高温高湿很容易诱发动物疫情，台风灾害往往伴有暴雨灾害。在该情形之下，单一风险理赔很难区分不同风险事故各自的损失后果，直接导致农业生产风险管理经营成本上升，这也是许多国家开展多重灾害险或一切险(MPCI)农业保险的理由之一。

4. 农业风险具有风险事故与风险损失的非一致性

农业生产的对象——动植物是有生命的有机体，其对灾害有适应和抗灾等调节能力，能通过后期生长弥补前期灾害影响，所以很多时候农业风险事故甚至重大事故不一定致损，还可能丰收，或使相邻地区受益。例如，玉米生长期遭受的一场冰雹可能折断了很多玉米秆，但不一定导致玉米减产，玉米完全可以通过后期的生长弥补前期的损失，且由于冰雹中含有大量的氮，等于为玉米施加了氮肥，还可能使当年的玉米增收。而其他财产风险无此特点，如房屋被烧、船舶触礁沉没等都是绝对损失，保险标的及相邻标的均无获益可能，故风险事故与风险损失的非一致性是农业风险区别于其他风险的重要特征之一。

5. 农业风险具有风险估计的复杂性

农业生产是自然再生产和经济再生产相交织的生产过程，农产品价值的形成既有动植物吸收自然能量和营养进行生长发育而形成价值的过程，同时又离不开人类活动，是人类生产劳动的结晶，它是动植物自然生长与人类社会生产相互交织、相互影响和共同作用的结果。这就说明农产品价值的形成不仅受自然因素的制约，而且受人类主观因素的影响，人们采取的生产技术、投入水平、管理行为、抗灾救灾措施等在相当程度上决定和影响着农业生产成果。因此，遭受相同自然灾害的农业生产单位可能具有不同的损失结果，而这往往又被生产者行为所放大或缩小，从而造成估计农业生产风险损失的复杂性。

6. 农业风险具有发生频率高、损失大和易导致巨灾风险的特性

我国是一个自然灾害频发的国家，轻中度的自然灾害较为频繁。长期以来，我国农业的受灾范围广泛，其中部分区域受损情况尤为严重，农作物的年产量低于正常水平的情况时有发生，影响了农业的稳定发展。尽管轻中度自然灾害对农业生产破坏有限，但因自然灾害地域广、时间同步，农业又具弱质性，农业生产风险导致的损失仍较严重，频发的灾害也提升了农业巨灾风险发生的概率。而且农业易受自然灾害的影响，特大自然灾害必然引发农业巨灾风险，其发生的可能性也进一步提高了农业巨灾风险发生的概率。

二、我国农业风险现状

中国作为全球最大的农业生产国之一，粮食产量连续多年稳定在 1.3 万亿斤以上，农业产值占 GDP 比重长期保持在 7% 左右，农业在保障国家粮食安全、促进农民增收和推动农村经济发展中具有战略意义。然而，近年来，我国农业面临的风险格局正发生深刻变化。气候变化导致的极端天气事件频发，国际农产品市场供需失衡加剧，农业支持政策动态调整以及数字技术渗透引发的系统性变革，共同催生了"传统风险加剧、新兴风险涌现、系统性特征强化"的复杂局面。这种多维度、多层次的复合型风险特征，对农业产业链的韧性和风险管理机制提出了更高的要求。

（一）生产风险：自然灾害频发与高损失性

我国是世界上自然灾害最严重的国家之一，农业生产面临显著的系统性风险。根据中国气象局《2022 年中国气候公报》，近十年年均受灾面积约 1300

万公顷，相当于全国耕地面积的8.7%，我国年均因气象灾害导致的农业直接经济损失超过2000亿元。农业生产风险主要表现为以下特点：

1. 灾害类型多样且频率高：干旱、洪涝、台风、冰雹等灾害交替发生。2021年，河南遭遇特大暴雨，农作物受灾面积达1450万亩，直接经济损失超过1200亿元；2022年长江流域持续高温干旱，导致水稻、玉米等主粮作物减产约15%。

2. 区域性特征显著：北方地区以干旱为主，华北平原年均受旱面积占全国面积30%以上；南方多洪涝灾害，长江中下游地区年均洪涝灾害损失占全国40%；沿海地区受台风侵袭频繁，如2023年台风"杜苏芮"导致福建、广东农作物受灾面积超500万亩。

3. 气候变化加剧风险：近十年我国平均气温上升0.5℃，极端天气事件频率增加30%，农作物生长周期紊乱，病虫害暴发风险上升。例如，2020年草地贪夜蛾入侵全国26个省份，威胁玉米产量超10%。

（二）市场风险：农产品价格波动加剧

国家统计局数据显示，2018—2022年，我国农产品生产价格指数年均波动幅度达8.5%，显著高于工业品的生产价格指数（3.2%）。市场风险具体表现为：

1. 供需失衡引致价格波动：以生猪市场为例，非洲猪瘟的暴发让大量生猪染病死亡，生猪存栏量锐减，市场供不应求，使得2019年生猪价格迅猛上涨。随后，防控措施生效，养殖户积极恢复产能，生猪存栏量回升，到2021年，市场供过于求，价格又急剧下跌。与此同时，国际农产品市场的波动也影响着国内市场。2022年，全球粮食市场不稳定，小麦、玉米等国际主粮价格的变动迅速传导至国内，引发主粮价格大幅波动，给国内相关产业带来诸多挑战。

2. 产业链传导效应显著：生产资料成本上涨推高农业经营风险。2023年化肥价格同比上涨25%，导致大豆、蔬菜等农作物的种植成本因此大幅增加，农民在投入更多资金购买化肥的同时，农产品售价却难以同步提升，由此利润空间被严重挤压，极大地推高了农业经营风险，给农民的生产积极性和收入稳定性带来了严峻挑战。

3. 国际贸易不确定性增加：中美贸易摩擦、俄乌冲突等事件扰动全球农产品供应链，我国在农产品进口方面依赖度颇高。以大豆为例，2022年进口依存度高达85%。这使得国际农产品价格稍有波动就会直接冲击国内压榨企业，导致其成本难以稳定，养殖户收益也随之大幅起伏，整个行业发展面临诸多不稳定因素。

(三)信贷风险：信贷供给不足与违约风险并存

农业信贷风险集中体现为农户融资难与金融机构风险控制的矛盾。农业农村部数据显示，2022年新型农业经营主体信贷需求满足率仅为65%。银保监会数据显示，2022年末农户贷款金额9.9万亿元，仅占银行业贷款总额的5.2%。部分农户因自然灾害或市场波动导致还款能力下降，农户不良贷款率达1.2%，高于工商业贷款0.3个百分点。风险成因：一是抵押品不足，农村土地经营权抵押覆盖率不足15%，金融机构缺乏有效风险缓释手段；二是收入不稳定，2022年农村居民人均可支配收入中，工资性收入占比为55%，经营性收入占比仅26%，还款能力易受外部冲击的影响。

(四)政策与法律风险：制度变迁与适应性挑战

1. 环保政策趋严与产业转型压力：2017年"禁养区"政策实施后，全国生猪产能短期内骤降20%，导致2019年生猪价格同比暴涨110%。根据农业农村部数据，截至2023年，尽管产能逐步恢复，但环保合规成本上升使中小养殖户退出率高达12%，行业集中度提升与风险转移并存。2022年《中华人民共和国土壤污染防治法》修订后，重金属污染耕地治理成本每亩增加300～500元，东北黑土区部分农户因修复资金不足被迫调整种植结构，玉米改种大豆面积增加15%，但因技术适配性不足导致单产下降8%。

2. 粮食安全导向下的结构性矛盾：2021年"大豆振兴计划"推动种植面积增至1.4亿亩，但因品种单一化与病虫害抗性不足，2022年大豆平均单产同比下降 5.2%，部分主产区农户收益减少 10%～15%。2023 年《中华人民共和国粮食安全保障法》实施后，小麦、稻谷最低收购价上调 3%，但政策执行滞后导致市场预期混乱，2023 年夏粮收购期间局部地区出现"卖粮难"，仓储企业资金周转压力增加 20%。

3. 补贴政策变动与农户适应性滞后：2023 年农机购置补贴比例从 30% 下调至 25%，中小农户机械化转型成本增加。农业农村部调研显示，东北地区 30% 的农户因资金缺口推迟购置新型农机，生产效率下降约 12%。农业保险保费补贴区域差异化政策(如西部地区补贴比例提高至 50%)虽缓解了部分压力，但险种覆盖面不足，2022 年三大主粮作物保险覆盖率仅 65%，经济作物保险覆盖率不足 30%，政策红利未能充分释放。

（五）新兴风险：质量安全与数字化转型挑战

1. 质量安全风险：2022 年市场监管总局抽检数据显示，农产品农药残留超标率仍达 2.5%，其中叶菜类超标率高达 4.8%。同年"土坑酸菜"事件曝光后，相关加工企业订单量暴跌 60%，产业链上游农户损失超 20 亿元。

2. 农业数字化风险：智慧农业依赖气象数据与物联网设备，2021 年江苏省因气象数据延迟导致智能灌溉系统误判，3000 亩农田减产 30%；2023 年某农业物联网平台遭网络攻击，精准施肥数据被篡改，直接损失超 5000 万元。数字鸿沟加剧区域不平衡。农业农村部统计显示，2022 年东部地区农业数字化渗透率达 45%，而西部不足 18%，中小农户因技术培训缺失导致设备闲置率高达 40%。

（六）风险损失呈现巨灾化趋势

据应急管理部统计，2020—2022 年，我国年均发生农业巨灾事件 12 起，单次损失超 50 亿元的事件占比从 15% 上升至 30%。例如，2022 年东北地区罕见秋汛导致玉米霉变损失超 80 亿元，保险公司赔付率突破 150%，传统风险分散机制面临严峻挑战。

1. 巨灾事件频率与损失规模双增

如上文所述，应急管理部数据显示，2020 年至 2022 年，农业巨灾事件年均发生 12 起，而且单次损失超 50 亿元的事件占比从 15%攀升至 30%。例如在 2022 年，东北地区遭遇罕见秋汛，致使玉米霉变，损失超 80 亿元，保险公司综合赔付率突破 150%，远远超出行业承受阈值。不仅如此，巨灾所引发的系统性风险传导效应也愈发明显。就像 2023 年长江流域发生的洪涝灾害，其直接损失达 320 亿元，这一灾害还引发了饲料价格上涨 15%，再加上生猪产能过剩的因素，使得养殖户亏损面扩大至 35%，对相关产业造成了一系列连锁影响。

2. 传统风险分散机制失效

在商业保险领域，承保能力严重不足。2022 年农业保险保费收入在农业 GDP 中占比仅为 0.8%，且其中 80%为政策性保险，这表明商业保险自身投入农业风险保障的力量有限。与此同时，巨灾风险准备金规模也极为有限，约 120 亿元的规模仅为年均巨灾损失的 15%，难以有效应对巨灾冲击。再保险市场的支撑同样薄弱。国内再保险公司对农业巨灾风险分保比例不足 30%，而国际再保险成本的上升使得分保率进一步下降。以 2023 年台风"杜苏芮"为例，台风过后直保公司自留风险比例高达 70%，凸显出再保险市场无法充分发挥风险分散作用，传统风险分散机制在巨灾面前的脆弱性尽显无遗。

三、农业风险分析与评估

（一）农业风险分析

风险分析是研究风险的产生、发展、危害以及如何预防、控制和规避风险的科学，已被广泛应用于工程制造、医药卫生、金融投资等各个领域。从风险分析的概念可以看出，风险分析是一个非常广泛的概念。国际风险分析协会（Society for Risk Analysis）认为，风险分析是一个包括风险评估、风险识别、风险沟通、风险管理和风险政策在内的广义概念，可用于分析一个地区、一个国家甚至世界范围内，个人、政府部门和私营公司的所有与风险相关的事件。

农业风险分析可以被视为研究农业风险产生、发展、影响以及如何预防控制或规避农业风险的科学。农业风险分析是一个动态的过程，它包括：对农业生产经营的环境进行分析，分析识别出主要的风险因子，对这些因子可能造成的不利影响进行估计、判断和评价，并对可能的风险管理措施或手段进行考核，评估其可能的效果。需要说明的是，依据农业风险管理的最新理论——农业风险综合管理理论（详见第三章第二节），本书认为农业风险分析不能仅仅局限于对一个主体、一个生产经营或一种风险类型的分析，而应该从横向和纵向两个维度对农业风险进行综合分析。具体来说：

1. 横向维度的农业风险分析是指要对农业生产经营环节的风险进行深入和综合的分析，不仅要单独考虑对自然灾害风险、市场价格风险等某类风险本身的管理，还要重视各种农业风险因素之间的相关性和交互性，以及这种交互性对风险管理效果可能产生的影响。这是因为，一方面，影响农户收入风险的各种因素，如生产风险和市场风险之间可能具有天然的负相关性，此时利用这种相关性设计农业风险管理措施就比单独管理某类风险更有效率，也更加经济。横向维度的农业风险分析要对各种类型农业风险进行归类、整合和综合考虑，从风险分析和估测的角度看，既需要创建可反映总体风险状况的风险测量指标（如收入波动性或农民效用），又需要构建各相关风险要素的相关系数矩阵，通过构建多变量联合概率分布模型来实现。

2. 纵向维度的农业风险分析是指不能仅关注农业生产经营环节的风险，还要从现代产业组织的视角出发整体看待和分析整个产业链或风险链条的相关风险，既要注重风险分散链条上的风险分散和利益平衡问题，又要通过不同风险管理工具的紧密衔接对产业链条上下游的风险进行综合一体化分析。这是因为，现代农业已经不再是单一的生产部门，而是在社会分工逐渐细化的推动下形成了一个包含产前、产中、产后的完整产业链条。产业链条中的参与主体除农业生产者外，还包括要素供应商和加工商、出口商、批发商和零售商等，这些主体出于各自的利益理性、处置风险的策略、行为偏好和彼此的博弈，使得农业风险不仅仅局限在农业生产环节，而是会沿着产业链条扩展到整个产业，因此某一个环节的风险过度集聚可能危及整个产业的安全。

纵向维度的农业风险分析需要我们深入理解产业链条不同环节的相互影响和交互作用机制。在对整个产业链条风险进行识别的基础上，构建产业链各环节风险综合分析的多维联合概率分布，对产业链条上的风险进行一体化考量和分析。

（二）农业风险评估

风险评估是风险分析和风险管理的核心部分，主要目标是为决策者提供定量化、科学和客观的信息。风险评估应该量化和确认某些风险因子的可能危害程度，提供一个有关风险的明晰图像，评估不确定性条件下不良事件发生的可能性及其潜在影响的程度。依据农业风险的概念，可以认为，农业风险评估就是对农业整个生长过程中遭受的各种影响因素发生可能性及由此引起的实际收入低于预期收入的偏离程度进行评估。从概念中可以看出，农业风险评估包含了两层内涵：一是要对农业风险事件发生的概率进行评估；二是要对农业风险事件可能造成的损失进行评估。

农业风险评估范围较农业风险分析更窄但技术性强，其结果准确性与否与评估方法直接相关。张峭等（2013）归纳出农业生产风险评估方法可分为基于风险因子、风险损失、风险机制这三类，此分类也适用于农业风险评估方法的区分。如农业市场风险评估中，定性分析和指标体系法是基于风险因子法，历史价格数据量化分析是基于风险损失法，构建均衡模型分析价格波动是基于机制法。需强调，农业风险评估方法与风险类型紧密相连，不同类型需对应不同模型方法。如单个区域一般风险用常规模型，农业巨灾风险用极值模型；评估多地区灾害风险或保险公司综合赔付率风险，则用基于联合概率分布函数的模型方法。

四、农业风险管理

（一）农业风险管理的内涵

农业风险管理并不是要消除风险，而是农业风险管理主体基于自身的风险管理目标，在对农业风险环境进行识别、评估和分析的基础上，运用一系列风险管理工具和手段，寻求投入成本、承担风险和未来收益之间的平衡和最佳组合。关于这一概念，需要说明以下几点。

第一，这里提到的农业风险管理主体有广义和狭义之分。狭义的农业风险管理主体仅包括农业生产经营者，即农业风险管理的直接受益者。而广义的农业风险管理主体还包括政府，这是因为农业风险尤其是农业巨灾风险是一种介于私人风险和公共风险之间的风险，农业风险管理具有福利外溢性和显著的"准公共物品"属性。

第二，农业风险管理主体是基于自身的风险管理目标对农业风险进行管理的。不同的风险管理目标会使风险管理主体对农业风险识别、评估的侧重点存在差异，也会造成风险管理方式上的差异。

第三，农业风险管理应该以对风险的识别、评估和分析为基础。本书遵循风险客观学说，认为风险是客观存在且可以测度的。显然，识别风险的来源、评估风险的大小、分析风险的演变规律，是提出风险管理措施的基础。

第四，农业风险管理是对一系列风险管理工具和手段的运用。农业风险管理需要通过具体的工具和手段来实现。进行农业风险管理，需要对农业风险管理的工具与方法进行综合运用或创新。

第五，农业风险管理最终需要在投入成本、承担的风险和收益之间实现最佳的平衡。风险管理措施可以降低农业风险带来的收益不确定性，也可以减轻风险带来的损失，但是风险管理也是有成本的，风险管理并不是要将可能的风险损失降到最低或杜绝风险事件的发生，因为这样可能会使投入成本高于潜在收益。风险和投入成本都会影响未来收益的概率分布，因此，农业风险管理的主体必须要在投入的成本、承担的风险和未来收益之间寻求最佳的平衡。

(二)农业风险管理的步骤

一般来说，农业风险管理要遵循如下 5 个步骤：确定风险管理目标、风险识别、风险评估、风险管理决策和计划实施与评价。

1. 确定风险管理目标

明确风险管理目标是进行风险管理的前提。农业风险管理主体不同，目标也不同。微观主体如农业生产经营者，风险管理多从自身经济福利最大化出发；政府作为宏观主体，不仅要考虑经营者收益，还得兼顾粮食安全、生态环境及农产品价格稳定等社会问题，所以政府面对农业风险时，要平衡提高农民收益、保障粮食安全、保护环境和稳定价格等目标，而这些目标之间有时也会产生冲突。政府会依据不同时期的社会需求权衡取舍，制定相应农业政策，这又会影响生产经营者的决策。

2. 风险识别

农业风险识别是指对农业生产与经营过程中面临的以及潜在的风险因素加以判断，并对不同风险的性质进行归类整理，明确不利事件的致损环境和过程。它是风险管理的开端与关键，是有效管理农业风险的前提。风险识别可凭感性经验或分析资料、事故记录及专家访问，找出风险与损失规律。由于农业风险具有可变性，因而风险识别是一项持续和系统的工作，要求风险管理者密切注意原有风险的变化，并随时发现新的风险。

3. 风险评估

农业风险评估是在农业风险识别的基础上，通过对所收集资料的分析，对农业风险发生概率和损失程度(与预期收益比较)进行估计和衡量，对农业收益的波动性进行计量，明确农业风险的时空分布特征，为采取有效措施进行风险管理提供科学依据。风险评估是风险管理工作的核心，通过对主要致损风险因子发生频率和损失程度的定量分析，可以明确农业生产风险的大小及时空分布特征，进而为农业风险管理提供依据。

4. 风险管理决策

农业风险管理决策是指决策者根据农业风险识别和评估情况，为实现风险管理目标，选择合适的风险管理策略、方法与工具，制订风险管理计划的过程。风险管理决策的科学性取决于农业风险识别和评估结论的准确性，决策结果直接影响到风险管理的效果。

5. 计划实施与评价

农业风险管理需实践才有效，实施是必要环节。在农业风险管理的决策和计划贯彻实施以后，还必须对其实施效果进行检查和评价。理由有二：一方面，农业风险管理是一个动态的过程，风险是在不断变化的，新的风险会产生，原有的风险会消失，上一年度应对风险的方法也许不适用于下一年度；另一方面，有时作出的风险管理决策可能是错误的，对计划进行检查和评价可以及时地发现这些错误，并在它们造成严重后果前加以纠正。

如果风险管理实施的结果无法实现风险管理的目标，则需要重新设计风险管理方案；或者重新从风险识别环节开始展开整个风险管理的过程，评估原有的方案设计中是否存在一些遗漏的风险信息。

（三）农业风险管理的特殊性

由于农业在国民经济中的基础性地位以及农业风险的特殊性，使得农业风险管理相对于其他行业的风险管理有着显著不同的特征。这些特征表现在农业风险管理的主体、对象与方法等方面。

第一，从农业风险管理的主体来看，政府作用更突出。市场经济下，政府对其他行业的风险管理主要通过宏观和行业政策影响经营条件与外部风险环境，不直接参与其生产过程的风险管理。但农业具有准公共物品性质，市场化风险管理工具易失灵，政府常直接参与农业生产的风险管理，也会更多干预调控农产品价格。所以，相比其他行业，政府在农业风险管理中参与介入更深，扮演的角色更重要。

第二，从农业风险管理的对象来看，其生产与价格风险异于其他行业。工商行业生产受自然因素影响小，风险多源于管理和操作失误。农业是自然与经济再生产结合，受自然因素影响大，具有多种特性，农产品价格风险也具有时滞、系统、周期等特征。这些差异决定农业风险管理有其特殊性。

第三，从农业风险管理的方法来看，农业风险管理所采取的措施也显著区别于其他行业，这主要是由于农业风险管理主体与风险管理对象具有特殊性。农业生产风险的相关性、时滞性和时空性特点，使其超出了一般商业性保险的保障能力，这就要求政府参与和支持，因此，处理好政府和市场之间的关系就成为农业风险管理不同于其他行业风险管理的一个重要特征。

(四)农业风险管理的目标、策略与工具

1. 农业风险管理的目标

设定农业风险管理的目标，是农业风险管理的首要步骤。但农业风险管理目标的设定，首先会影响管理者对农业风险的衡量方式，继而会影响风险管理策略与方法的选择。根据对农业风险管理概念的界定，本书认为农业风险管理的最终目标是要实现投入成本、承担风险和未来收益之间的平衡和最佳组合。

农业风险管理的具体目标与风险管理主体有关。即使在相同的风险环境下(指未来风险事件造成的损失和发生的概率相同)，不同的农业风险管理者可能也会有不同的风险管理目标，或者说，农业生产经营者和政府要实现的收益保障目标是不同的，而不同的收益保障目标会使得农业风险管理者在看待投入成本、承担风险与未来收益之间最佳组合的"最佳"标准上存在不同。从主体上看，农业风险管理的主体既有微观的农业生产经营者，也有宏观的政府。

(1)农业生产经营者的风险管理目标

农业生产经营者，是农业风险管理的微观决策主体，也是农业风险管理的直接受益者。农业生产经营者的风险管理目标可以分为3类。

第一类风险管理目标：使可能的最大福利损失最小化，这种决策目标被称为"最小最大原则"。在这种决策规则下，决策者对风险的评估是基于损失的数量，与概率无关，他们不关注风险损失的概率分布(基于样本信息获得)，只需要知道总体的损失函数，避免采取可能造成最大福利损失的行动即可。

第二类风险管理目标：使消费水平的损失低于某个给定水平的概率最小，这种决策目标被称为"安全第一原则"。决策者在面对不同的风险项目时，会首先设定一个自己可以接受的最低回报水平(通常是基于决策者的消费需要设定的，因此可以将这种最低回报水平称为"临界消费水平")。决策者选择项目的依据是该项目低于事先设定的最低回报水平的概率在所有备选项目中是最小的。

第三类风险管理目标：在未来收益的风险或变动率一定的情况下，使预期回报最大化，这种决策目标被称为"预期效用最大化"。

此外，农业生产经营者的风险管理目标也可以是以上 3 类目标的组合。例如，农业生产经营者可以首先采取"安全第一原则"，从而优先保障可以获得某一最低水平的预期收入或消费水平；在尽量保证了基本收益的情况下，再追求预期效用最大化目标，并拒绝采取可能会造成最大福利损失的行动。

(2)政府农业风险管理政策目标

政府是农业风险管理的关键参与者，作为宏观主体，能以政策改变农业生产经营者的风险环境。与经营者仅考虑自身经济收益不同，政府决策需兼顾多方利益，旨在实现全社会整体利益最大化。政府决策在农业风险管理中主要有如下 3 个目标。

第一，保障农产品供应安全。农业具有基础性与正外部性，农产品供应安全是政府政策目标之一。若一国追求粮食的自给自足，会促进本国农业生产，优先降低重要农产品生产风险，使威胁最小化，并激励农民种植政策导向的农产品，在风险管理扶持上向主要农业品种倾斜。

第二，降低农产品供应量与价格的波动。由于农业生产的特殊性，在没有政府干预措施的情况下，一国许多农产品的供给和价格会出现比较明显的周期性波动。价格过高影响工商业成本甚至引发通胀，过低损害生产者利益导致下期价格上涨与供给短缺，均不利于宏观经济和社会稳定。因此，政府会采取如逆周期补贴等措施稳定重要农产品市场价格，维持供应稳定。

第三，保障农业生产经营者的收入稳定。在发展中国家，农业多为低收入行业，经营者属于低收入群体。政府为了社会公平给予农业生产经营者政策上的扶持。当然，无论政府出于何种政策目标，其所采取的措施一般是有助于农业生产经营者的收入稳定。这里要强调的是，政府的政策目标并不总是为农业生产经营者提供更高的收入，如当农产品价格上升过快时，对农业生产经营者来说是有利的，但政府为了整个社会的利益，会采取措施抑制农产品价格的上涨。

　　政府农业风险管理的目标并非彼此独立，有时能同时达成，有时需取舍。我们认为，政府倾向于何种风险管理目标主要与农业产业政策有关，而一国的农业产业政策又受到该国农业资源禀赋、农业贸易政策及宏观经济状况的影响。农业资源禀赋对该政府的农业风险管理目标有重要的影响。如果一国农业资源十分丰富，产量相对本国的需求有大量盈余，且有大量农产品出口，那么政府就不会选择第一个目标，而主要选择第二、第三个目标。反之，如果一国农业产量相对需求而言比较偏紧，则会更倾向于第一个目标。农业贸易政策也是影响政府农业风险管理目标的重要因素。如果一国的农业供给相对不足，而政府允许本国依靠大量进口来解决本国的农产品供应问题，那么在农业风险管理政策目标上可以较少考虑本国的农产品产量的问题，即不采用第一个目标。反之，如果一国立足于在重要农产品上实现自给，且本国农业资源禀赋相对需求并不丰富，就会采取保护这些重要农产品产量的目标。

　　2. 农业风险管理的策略

　　农业风险管理的策略是在深入识别、评估和分析农业风险基础上提出的应对农业风险的基本原理和方法。研究农业风险管理的策略，可以为农业风险管理提出指导性的原则。关于农业风险管理的策略，学术界存在着多种分类，比较有代表性的有如下两种。

　　(1) 根据风险管理的微观决策主体所能采取的策略类型分类

　　农业风险管理可分为预防、减轻和补偿 3 种策略。

　　① 灾前预先防范策略，指降低下行风险(如减产风险、价格下跌风险等)发生的概率。该策略运用在风险事件发生之前，可以通过增加决策者的预期收益和减少收益的波动来实现。降低不利事件发生概率有许多具体措施，其中有些措施，如提供稳定的宏观经济环境、良好的生态环境、高效的教育与培训资源等超出了传统风险管理策略的范畴。

　　② 灾中灾后的抢救减轻策略，指灾害发生时采取一切必要措施(例如，干旱时增加灌溉，雨涝时及时排涝，干旱、雨涝、冰雹发生后加强田间管理等)以减少风险事故带来的损失，降低不利事件的潜在影响。减轻策略也是运

用在风险事件发生之前的，但减轻策略并不是降低风险事件发生的概率，而是减轻风险事件带来的潜在损失。对于农业来说，灾害是一个较长的过程，干旱、雨涝、冰雹等灾害会一直持续到收获。灾害是否会带来损失，在很大意义上取决于灾害过程中的救灾措施是否及时有效。这有别于其他财产遭受灾害损失的情况，例如，一栋房子发生火灾，火灾过程很短，灾害事故过后损失立刻显现。之所以如此，是因为农业保险标的是有生命的动植物，有再生和自我恢复的特性，因此，灾中灾后的抢救措施对农业生产风险管理至关重要。

③ 灾损发生后的补偿策略，指在风险事件发生以后，通过采取一些措施来补偿风险事件造成的利益损失以维持简单再生产或扩大再生产。例如，在发生风险损失后，个人和家庭可以动用积蓄，或向亲戚朋友、金融机构借贷，获得保险赔付等。

（2）根据风险管理的内在机制分类

农业风险管理策略可分为风险缓释、转移和应对3种。

① 风险缓释，指降低不利事件发生概率或降低不利事件潜在损失的严重程度的活动，包括提高水资源管理水平，使用耐旱或耐淹的种子，建立早期预警系统，等等。

② 风险转移，指将风险转移给愿意接受风险的一方，并为此支付一定的费用或保险费，包括保险、对冲或其他风险转移安排。

③ 风险应对，指通过事前准备提高承担和应对风险事件发生后的能力，包括储蓄、目标安全网计划、风险融资等。

可以看出，这两种分类方法的角度略有不同。前者是针对风险管理的微观决策主体所能采取的策略类型进行分类，而后者主要依据风险管理的内在机制进行分类。本书更倾向于后一种分类方式。此外，根据已有研究，本书将农业风险管理的策略进一步分为如下4种类型。

第一种策略为风险缓释策略，指降低不利事件发生概率或降低不利事件直接损失严重程度的活动。风险缓释策略主要是使用技术手段来预防和控制不利事件的发生与影响，如灌溉、抗灾性种子、更佳的预警系统和农事活动方法等。

第二种策略为风险分散策略，指在不改变风险事件本身发生概率和造成损失程度的情况下，将风险分散给不同的主体或不同的活动，从而使得每一个主体或活动承担的风险降低。风险分散策略具体包括 3 种方式：风险共担、风险汇聚和多样化策略。

第三种策略为风险转移策略，指将风险转移给愿意接受风险的一方。由于不同的主体对未来结果的判断和风险偏好存在差异，不同的主体愿意承受的风险也有所不同。

第四种策略是风险应对策略，指通过事前准备提高承担和应对风险事件的能力。一旦不利事件发生，就可以启动这些措施，降低其带来的损失。例如，安全网项目、巨灾风险准备金、储蓄、战略储备和意外事件融资等。

特别要说明的是，风险分散和风险转移是两种不同的策略。首先，风险分散策略不仅包括风险在不同人群之间的分散，也包括风险在不同投资与经营活动中的分散(即多样化经营策略)；而风险转移仅指风险从一个风险承担主体转移到另一个风险承担主体。其次，风险分散策略并不强调风险承担主体在风险判断、偏好和风险承担能力上的差异，而只是通过一种分散策略客观地降低了每一个参与风险分散安排的主体的损失可能性；而风险转移策略，则基于不同风险承担主体在风险判断、偏好与风险承担能力上的差异，使得不愿承担风险的一方支付一定的费用来降低或消除自己的风险，而愿意承担风险的一方则获取了不愿承担风险一方支付的费用，并承担了不愿承担风险一方的风险，且有机会从中获利。

风险分散策略和风险转移策略也存在相似之处。一方面，风险分散策略与风险转移策略往往需要中介机构参与完成。由于存在交易费用，众多参与主体直接完成风险分散策略与风险转移策略会有很高的成本，包括信息搜集成本、沟通成本等，因而需要中介机构作为交易的媒介来完成。另一方面，风险分散策略与风险转移策略可以在一种制度安排中同时出现。例如，保险公司在本质上是进行风险汇聚与风险共担的中介，但当农民购买保险的时候，事实上是将风险转移给了保险公司。即保险公司不仅仅是一个中介机构，其本身也作为一个承担风险的主体参与风险管理。

3. 农业风险管理的工具

农业风险管理的工具，是指在农业风险管理中所采取的具体措施和手段。选择、设计与组合农业风险管理工具是农业风险管理过程的核心内容之一。农业风险管理工具的设计，既需要以农业风险管理策略为指导，也需要以技术性手段为基础。农业风险管理工具随人类科学技术的进步和社会的发展而逐渐丰富和完善，并在实践中不断调整和创新。下文主要探讨可供选择的农业风险管理工具，并对一些重要的农业风险管理工具的原理进行说明。

根据提供农业风险管理工具的主体不同，可以将农业风险管理工具划分为自组织工具、市场化工具和政策性工具。自组织农业风险管理工具，是指农业生产经营者以家庭为单位或由农业生产经营者自发组织的非正式团体实施的农业风险管理措施。市场化农业风险管理工具，是指农业生产经营者同其他市场经营主体，在自愿互利的基础上，通过具有法律约束效力的协议而采取的风险管理措施或手段。政策性农业风险管理工具，是指由政府制定、提供和执行，旨在帮助农业生产经营者提高农业风险管理能力和效果的政策或公共服务。

第二节　农业风险综合评估与管理

一、农业风险管理面临的挑战

当今社会，农业正表现出生产规模化、经营市场化、组织社会化、技术科学化、增长集约化的发展趋势。在农业发展模式转变的同时，农业风险的来源、相互影响和传导机制等也在随之发生相应的变化，突出表现在以下三个方面：①风险来源日益增多，新兴风险不断涌现；②风险影响相互交织，增加了风险的危害性和不可预测性；③风险传递不断加剧，风险影响范围逐步扩大。新的风险特征给农业风险管理带来了新的挑战，不仅如此，随着农业生产经营环境的逐步改变，农业风险管理自身所处的管理环境也较以往有了较大变化，而这诸多变化本身同样也构成了农业风险管理要面临的新挑战。

其一，管理目标日益多元化对农业风险管理体系的包容性提出了更高要求。从宏观角度看，农业风险管理体系原本主要服务于保障农产品数量安全这一核心目标，以满足供不应求的市场需求。然而，随着经济社会的发展，农业风险管理的目标已扩展至保护农业生产者的收入利益、确保农产品的质量安全等多个方面。这些目标之间既有一致性，也存在冲突，使得风险管理更加复杂。在微观层面，农业生产经营者内部的风险管理目标也因资源禀赋、风险偏好和情境变化等因素的差异而多样化。理论上，微观主体的风险管理目标可划分为"最小最大原则""安全第一原则"和"预期效用最大化原则"三类，实践中则更加灵活和多元。农村社会内部的分层分化以及农业生产经营方式的多元化进一步丰富了微观主体的风险管理目标，增加了农业风险管理的难度。

其二，管理工具逐渐多样，工具间挤出效应增强，对恰当管理工具的选择和组合提出新的挑战。传统上，农业风险管理主要依赖非正式性制度安排，如优化生产管理、多样化种植、储蓄或借款以及社区互助等自组织性工具。政策性工具则主要用于应对巨灾风险，市场化工具的作用相对有限。然而，随着农业生产经营者风险管理需求的扩大，市场化工具在自组织工具的基础上逐步衍生和发展，如互助合作保险等。这些市场化工具在现代农业风险管理中发挥着越来越重要的作用，并通过创新管理对象和管理方式，不断开发出多种有效的风险管理工具，极大地丰富了农业风险管理的工具箱。管理工具的丰富，一方面有效扩展了农业风险管理的实施范围，有助于提高风险管理的针对性以及满足各类生产经营者的差异化需求；另一方面也存在农业风险管理工具相互重叠甚至冲突的风险。此外，政府政策工具的存在也可能会对市场工具产生挤出效应。因此，在管理工具日渐丰富的背景下，如何优化组合各类管理工具，提高风险管理效率、效果，成为摆在农业风险管理面前的新问题。

其三，风险管理相关主体利益交错复杂化，考验风险管理机制的协调性。现代农业风险管理环境更复杂，因涉及更多主体且利益关系错综复杂。风险在产业链上加速传递，各主体风险管理策略相互影响，产业链上下游主体利益虽有联动但常存冲突，如上游产品价格上涨虽利于上游但却增加下游成本，降低利润。同时，风险管理工具日益丰富，背后是多元供给者参与，虽共同目标为管理农业生产经营风险，但各自利益诉求不同。农业产业化与风险管理手段革新导致利益主体增多，行为策略难统一，利益博弈频繁。因此，农业风险管理不能仅追求单一主体利益最大化、风险最小化，而需通过更周全的机制设计，促进有效集体行动，应对复杂局面，平衡各方利益，提升整体抗风险能力。这要求农业风险管理机制具备高度的协调性和灵活性，以适应不断变化的风险环境和多元化的利益格局。

二、农业风险综合管理的内涵特征

（一）农业风险综合管理的内涵

所谓农业风险综合管理，是指立足农业生产经营的整体价值目标，对生产经营中涉及的众多风险因素进行辨识、评估和统筹考虑，协调农户、市场和政府等不同的风险管理主体，整合运用各种风险管理方式和工具，从全产业链的角度综合管理各类风险。与传统农业风险管理方式相比，农业风险综合管理的最大不同就是不再孤立和线性地分析和管理特定风险，而是从系统论的角度看待农业风险管理，强调农业风险管理的各要素——风险环境、行为主体、管理策略和管理工具内部以及各要素之间的联系性和交互性。①不同类型的农业风险并不是相互独立的，因此农业风险综合管理强调要对农业风险进行综合考虑，不能忽视风险之间的相互性而只对某类风险进行管理；②不同类型的风险管理工具具有交互作用，因此农业风险综合管理强调要对各种类型的风险管理工具进行组合运用，不能片面强调某一类或一种风险工具的作用；③农业风险管理涉及多个行为主体，因此农业风险综合管理强调既要对相关主体的利益进行协调，同时又要注重这些主体的合作和配合；④农业风险管理有多种可能的风险管理策略，但这些策略的选择既受其他管理策略的影响，又受风险环境、管理工具和行为主体的影响；⑤风险管理的各要素并不是单向影响的，因此农业风险综合管理强调要重视和利用风险管理各要素间的相互作用和影响。

(二)农业风险综合管理的特征

农业风险综合管理具有以下三个方面的显著特征。

1. 综合性

传统的农业风险管理一般是孤立地分析不同来源与特征的农业风险，针对每一种农业风险提出农业风险管理策略与工具。而农业风险综合管理则注重各要素的联系与交互，具有全局性和综合性。其综合性体现在三个方面：①风险管理要素内的综合性。它并非针对单一风险，而是综合各类农业风险，整体分析其来源与特征；同时强调组合运用管理工具，让不同主体各司其职并协作配合，而非单一主体独立应对。②风险管理要素间的综合性，即将农业风险环境、风险管理工具、策略和主体等不同风险管理要素进行统筹考虑，充分考虑各要素之间的相互作用和双向影响。③风险管理"对象"的综合性。传统的农业风险管理方法一般只关注农业风险管理措施对农业生产经营者经济收益的影响，而农业风险综合管理则强调，除了要关注农业生产经营活动本身面临的风险外，还要重视农业产业链或农业风险转移链条中上下游企业或主体面临的风险和风险管理，因为如果风险在产业链或风险链条的某个环节过度集中，最终会危害整个产业的发展。例如，如果签订订单的企业缺乏必要的农产品价格风险转移和分散的渠道，当重大风险事件发生时，企业可能不得不选择违约来规避自身破产的风险，进而会损害农民的利益。

2. 交互性

由于要将各种风险管理要素纳入一个整体框架进行综合考虑，因此农业风险综合管理的另一个显著特征是十分注重风险管理各要素内以及各要素间的交互性。主要表现在如下几个方面：①不同来源农业风险之间的交互性。因农产品产量与价格常负相关，产量影响价格，进而调节生产经营者收入，所以要考虑其交互影响。②农业风险管理的工具或措施与农业风险之间的交互性。风险大小与特征是采取风险管理措施的依据，但任何主体采用的工具或措施都会改变农业生产经营者面临的风险状况与特征，因此需考虑风险管理工具或措施与风险环境间的交互性。③不同管理工具之间的交互性。一些工具会为其他工具发展提供基础或造成阻碍，因此要考虑挤出效应或促进效应。④风险管理主体之间的交互性。农业风险管理中涉及众多行为主体，这些主体之间既有合作也有竞争，某一主体采取了风险管理措施后就会影响农业风险的实际状况和其他利益主体采取某种措施的效果。因此，在制定农业风险管理措施时，尤其是政府在制定农业风险管理政策时，必须充分考虑到不同主体之间的这种交互性。

3. 协调性

由于要对农业风险管理的各要素进行综合考虑，同时又要注意各要素内和各要素之间的相互作用和交互性，因此农业风险综合管理的第三个显著特征就是协调性。这种协调性主要表现在两个方面：①风险管理的成本和收益要协调。如同第一节所言，风险管理是有成本的，因此农业风险综合管理强调风险管理活动而并不是要消灭风险，风险管理工具和风险管理主体也不是越多越好，而是要在农业风险和拟采用的管理工具和管理主体之间进行平衡，权衡成本和收益，协调好风险管理各要素之间的关系和相互作用程度。②风险管理的主体要协调。农业风险综合管理涉及农业生产经营者、农业产业链其他部门、其他市场类主体(如保险公司)和政府等多个主体，而各行为主体在进行农业风险管理决策时，其利益既存在一致的情况，也存在不一致的情况，因此农业风险综合管理强调要协调好不同主体之间的利益，让不同主体在农业风险综合管理中各司其职、相互配合，合力制定出最有利于全社会整体利益的农业风险管理方案。

三、农业风险综合评估与管理基本框架

(一)农业风险综合分析

按照现代风险管理理论，深入分析农业风险并在此基础上形成对农业风险的准确理解和正确认识，是开展有效风险管理的前提和重要基础。但正如

上文所言，风险来源多、风险影响交互性强是现代农业风险管理面临的新挑战，因此农业风险综合管理强调要对管理的对象——农业风险进行综合分析，这里的综合主要体现在"横""纵"两个维度上。横向维度的农业风险综合分析是指要对农业生产经营环节的风险进行深入和综合的分析，不仅要考虑对自然灾害风险、市场价格风险等单一风险本身的管理，还要重视各种农业风险因素之间的相关性和交互性，以及这种交互性对风险管理效果可能产生的影响。纵向维度的农业风险综合分析是指不能仅关注农业生产经营环节的风险，还要从现代产业组织的视角出发，整体看待和分析整个产业链或风险链条的相关风险，既要注重风险分散链条上的风险分散和利益平衡问题，又要通过不同风险管理工具的紧密衔接，对产业链条上下游的风险进行综合一体化分析。

（二）管理目标平衡设定

农业风险管理目标的设定是风险管理行动的导向，不同的农业风险管理目标反映出不同的利益指向。如前所述，在风险管理涉及的生产经营者、市场参与主体和各级政府等利益相关主体中，任何主体都不是孤立的，而是与其他主体相互关联、相互影响的。如果不考虑主体之间可能存在的利益冲突和博弈行为，那么制定出的风险管理政策就可能会顾此失彼。

我们认为，在农业风险综合管理中，对农业风险管理目标不应该孤立地进行设定，对某一个风险管理主体尤其是政府来说，其在农业风险综合管理体系中的目标都不能简单地依照自身的偏好来设定，还必须考虑风险综合管理体系中其他主体的目标、行为、策略造成的影响，在制定管理目标时要将这些影响因素纳入予以考虑。

此外，农业风险管理目标需与农业生产经营现实需求相适应，随农业发展阶段及生产经营者收入结构、水平变化而调整。宏观政策上，农产品供不应求时，风险管理以增加供给、保障数量安全为核心；供大于求或供求平衡时，则转向增加农民收入，保护资源与生态环境。微观个体层面，口粮需求未保障时，风险管理以确保产量为首要目标；农业收入为非主要收入来源时，目标则转为考虑风险管理成本的净收益最大化。因此，农业风险综合管理体系的目标应灵活调整，以适应不同发展阶段和个体需求，从而确保风险管理措施的有效性和针对性。

（三）管理主体协同配合

农业生产融合自然与经济再生产特性，使得农业风险展现出时空性、相关性等独特属性，被视作独立风险与系统性风险间的"中间风险"。因此，农业风险管理需农业生产经营者、政府、保险公司及期货市场等多方主体共同参与，这涉及主体间的职责分工与协作。

其一，不同的风险管理主体具有不同的资源禀赋和优势，其适宜管理的风险也是不同的，要根据风险特征和不同主体具备的优势来对农业风险管理中不同主体进行合理的分工和角色定位。农业生产经营者作为直接参与者，对风险因素敏感，能灵活低成本管理频繁但损失小的"小微"风险。市场类风险管理主体，如保险公司、金融服务机构等，虽不直接参与农业活动，但提供专业高效的管理工具和服务，擅长在市场竞争机制下创新，适合管理超出农户能力范围的、发生频率较低但损失稍大的"中等"风险。而对于罕见但破坏力巨大的"巨灾风险"，鉴于农业的公共属性，政府作为公共利益代表介入管理成为必要。

其二，除强调要发挥不同管理主体的优势外，农业风险综合管理还要注意加强各主体间的协调和配合。尽管各主体在风险管理中各有侧重，但并非孤立存在。例如，政府的农田水利设施投入和支农惠农政策旨在提升生产经营者应对风险的能力。各主体间的作用和角色相互影响，既有增进也有抵消，因此农业风险综合管理需重视各主体的密切配合，以放大增进效应、降低抵消效应，共同达成风险管理目标。例如，政府可以通过多种方式对农业风险管理实施干预，但这些干预可能会导致风险管理中其他相关主体激励的调整，同时政府也需要为其干预行为支付相应的成本。因此，政府是否应该实施干预、应该采取何种干预方式，就需要在综合风险管理中平衡把握。

（四）管理策略合理选择

风险管理目标是农业风险综合管理的宏观纲领，而风险管理策略是其决策的具体指导方针。管理过程中，针对不同类型风险，策略各异。农业风险管理策略可分为风险缓释、分散、转移及应对四大类，前三者属事前策略，后者为事后策略。农业风险综合管理以动态连续视角，根据风险性质及生产经营阶段，采取适宜的管理策略组合，确保风险得到有效管理。

本书认同世界银行的观点，认为农业风险管理策略的选择主要与农业风险的损失程度（相对预期收益）及其发生概率相关，农业风险可以被划分为风险自留、市场保险、市场失灵三个层级。

1. 风险自留层级（Risk Retention Layer）及其管理策略。该层级风险的特点是发生频率高，但损失比较小。在农业中，一般来说，发生频率比较高的风险，其损失相对较小，如非持续性的大降雨、非传染性动物疾病等。这类风险不需要通过某种组织安排，将风险转移或分散给其他人，因为风险转移与分散也需要成本。对于这类风险，农业生产经营者可以自己承受或通过风险缓释的策略应对。

2. 市场保险层级（Market Insurance Layer）及其管理策略。该层级风险的特点是发生频率和损失程度都相对居中。对于这类风险，仅仅采取风险缓释的措施，农业生产经营者自身还是无法承担，因而还需要采取风险分散与转移策略。例如，即使农户已经采取了足够的技术措施，严重或持续性的暴雨依然会造成作物显著减产。通过风险分散与转移策略，农业生产经营者可以以较低的成本获得较高的风险保障水平。此外，由于保险机制是风险分散转移机制的主要形式之一，因此，世界银行将这个层级称为市场保险层级。

3. 市场失灵层级（Market Failure Layer）及其管理策略。该层级风险的特点是发生频率非常低，但损失程度非常高。这种风险很难通过市场机制分担或汇聚，尤其是当巨灾风险同时为系统性风险的时候。应对巨灾风险，一般需要政府采取相应的行动，建立巨灾风险分散与应对机制。从风险管理策略上来讲，该层级的风险需要在风险缓释与风险分散、转移的基础上，再加上风险应对策略。

(五)风险管理工具有机组合

风险管理目标、策略的实现最终将落实到各类风险管理工具的运用上。每种风险管理工具均有其特定的管理对象和最佳适用范围,同时,不同风险管理工具之间也可能互为补充或替代。农业风险综合管理就是要根据不同的风险特征、管理目标,选择适当的风险管理工具,并充分考虑工具间可能存在的交互关系,通过定性分析和定量模拟确定适宜的风险管理工具组合。

首先,需根据风险大小和性质,综合布局不同类型的风险管理工具,这些工具是对风险管理策略的综合运用。若风险管理工具基于风险分散与转移原理,个体间风险相关性也会影响其使用。独立风险如冰雹、火灾,可通过商业保险管理;若风险在众多个体中正相关,如暴雨、大风、霜灾、虫害导致的作物损失,农业保险需政府补贴运作;若风险完全相关,如农产品价格风险,保险手段失效,需选择订单农业或农产品期货、期权工具进行风险管理。

其次,要分析不同风险管理工具之间的交互作用,合理利用工具之间的相互促进作用,避免工具之间效果的冲突。农业风险管理工具之间并非独立地起作用,而是会通过农业风险管理的综合体系,交互地发挥作用。当存在工具之间的相互抵消作用时,必须综合权衡每一种工具的效果,选择使用其中一种工具,或者对工具本身作适当的调整,使不同的工具之间的冲突降至最低。

最后,风险管理工具之间的具体优化组合要借助数值模拟等技术,根据定量分析的结果进行确定。考虑到可供选择的风险管理工具和工具间的交互影响,结合风险管理的预期目标,就可以得出一组或几组风险管理工具组合。组合中的工具应该在功能上互为补充、在效果上相互增进,但如何能达到更好的风险管理效果,还需要对风险管理工具组合方案从定量的角度进行效果模拟,并根据模拟结果进一步优化组合方式,最终达到最大化风险工具组合效果的目的。

第四章　农业天气指数保险基差风险管理

第一节 基 差 风 险

一、基差风险的定义

基差指某一特定时间的现货价格与期货价格的价差，这一概念在金融和商品市场中非常重要，尤其是在对冲和套利策略中。通常，在期货价大于现货价的情况下，基差是负数，那就是正向市场。在期货价小于现货价的情况下，那就是反向市场。其产生的原因有二：一方面，近期市场对某产品的需求急剧上升，显著超出了当前的产量和存货水平，这导致现货价格迅速攀升，甚至高于期货价格。另一方面，由于对未来商品供应的大幅增长持乐观预期，期货价格遭受重创，跌至低于现货价格的水平。

基差风险的概念来源于期货等金融衍生品市场，指的是衍生工具对标的物的价格风险管理的有效程度与购买该衍生产品的客户最终所遭受的损益之间的差异。期货市场上的套期保值需要着重考虑基差风险的影响，研究表明，将基差风险因素引入套期保值模型后会大大提高套期保值的效果（李永等，2015）。天气指数保险上的基差风险与期货上的基差风险既有相同点，也有不同点，相同之处为都反映的是价值差异，体现的是对风险规避者造成了损失的结果。不同之处在于：期货市场当中的基差风险是期货标的的现货价格与期货价格的差值，由于现货价格在不同时间点上随市场波动，因此该差值也会由于交割时间的不同而不同。天气指数保险的基差风险指的是按照保险合同设定的天气指数所测算的产量对应的经济损失与购买天气指数保险的农户所遭受的实际损失之间的差值，而测算的产量损失会因为产品设计方法的不同而产生较大差异，也会因为产品设计选取的空间尺度的不同使得两个损失值之间偏离程度不同，即该基差风险的大小主要受到产品设计方法的不同、产品设计尺度的不同等影响。天气指数保险基差风险源于保险合同的两个特征：一是保险责任只能覆盖部分风险冲击；二是农户获得赔付具有不确定性。基差风险往往导致农户已经投保，但灾害发生却没有得到相应的赔付。在这种情况下，保费支出可能让本来经济条件就不好的农户更加恶化。

借鉴期货市场上基差风险的定义，结合天气指数保险的特性，本书将基差风险定义为，由于天气指数保险产品设定的天气指数与实际损失并不完全相关，按照统一的区域指数赔付时，造成个体农户之间的赔付出现不确定性。这种情况一般包括两种：一是农户实际未发生损失或损失很少，却因触发天气指数而得到赔偿；二是农户发生严重损失，却因未触发天气指数而没有得到赔偿或不足以弥补损失。需要特别说明的是，基差风险属于风险的一种，指的是未被承保的剩余风险，是一种损失的不确定性，而基差这一概念体现在保险精算得到的损失与实际损失的差值，是一种损失。也就是说，基差是一个差值，而基差风险是这种差值发生的不确定性。

二、基差风险的分类

根据已有的文献研究，基差风险常见的分类方法有两种：根据基差风险来源分类和根据基差风险损失分类。

（一）根据基差风险的来源可分为时间基差风险、空间基差风险与产品基差风险

时间基差风险是指由于农作物的生长很大程度上依赖天气状况，如温度、降水等气象因素，不同年份气象条件有别，且种植时间可能出现偏差，二者相互作用，致使作物生长期时间范围发生变动。在全球气候变化的背景下，气温、降水等气候因子发生改变，农作物生长不再遵循原有的时间规律进行发育。不同年份间，农民种植作物的时间会出现偏差。这种偏差产生的原因是多方面的，例如上一季作物收获时间各异，以及劳动力安排的不同等。同时，年际间的气象条件也存在差异，而作物生长对天气状况依赖程度高，温度、降水等气象因素每年都在变化。种植时间的偏差与气象条件的差异相互交织，使得作物生长期的时间范围发生改变，进而引发了时间基差风险。在

天气指数保险中，以同一气象指数作为赔付标准对不同年份的农作物产量损失进行赔付的设计，存在一定问题。因为不同年份，同种作物的栽种、开花、收获时间会因当年的气候条件和地块条件而各不相同，这就导致我们指数选取和设计与实际情况出现差异，进而引发时间基差风险。相关研究表明，相比固定的指数周期，可变的指数设定能够更精准地反映农作物在不同年份生长阶段的情况，通过在不同时期灵活设置匹配的气象指数，有望降低指数保险中的时间基差风险。

空间基差风险也称特质基差风险，是指整个空间单元总体的损失特征与该区域内的个体农户损失的不一致性，而造成这种差异的原因是区域气候系统性不强，小范围内的微气候现象较显著。空间基差风险与地理空间异质性密切相关。由于气象站与个体之间的距离不同，气象变量在空间上并非高度共变，存在区域微气候的差异。这种差异可能导致同一时间、不同地点的作物受到不同的气象条件影响，从而产生系统性的基差风险。此外，非系统性风险也是空间基差风险的一个重要因素。除了天气之外，农作物的产量还受到病虫害、管理水平、土壤质量、作物品种等其他非系统性风险的影响。这些因素在不同地点之间可能存在显著差异，进一步加剧了空间基差风险。

产品基差风险是指产品设计时，对天气指数的选取、对气象—产量关系的拟定、对产量损失的模拟预测不恰当、不准确所导致的基差风险。在设计与农业相关的金融产品或者保险产品时，产品设计的气象要素和产量之间往往并不完全相关。例如，在设计农业气象保险产品时，需要考虑到气象条件对农作物产量的影响。然而，在实际操作中，由于农业生产的复杂性，模型拟合效果往往不能达到理想状态。一方面，气象数据本身具有不确定性，而且不同地区的气象条件与作物产量的关系并非简单的线性关系。另一方面，天气指数的选取也存在不准确的问题。天气指数是用于衡量气象条件对农作物影响程度的指标，如果天气指数不能准确反映实际情况，就会导致产品设计与实际产量之间出现偏差，从而产生产品设计准确性方面的基差风险。

一般认为，客观上的时间基差风险和空间基差风险是外生的，不可能消除；而主观上的产品基差风险是人为因素，可以通过优化产品设计的每个步骤来减少此类风险。

（二）按照基差风险造成的损失可分为上行基差风险与下行基差风险

上行基差风险主要涉及区域指数触发的情况。在农业保险领域，通常会设定一些区域指数来判断是否对农户进行赔偿，当区域指数触发时，可能会出现一种情况，即农户实际上并没有发生灾害或者农户的实际损失远远小于根据区域指数所获得的赔偿。这种情况对农户来说，似乎是一种"意外之财"，因为他们获得了高于实际损失的赔偿。例如，某个地区的农业保险根据区域降雨量指数来确定赔偿，如果该区域的降雨量指数达到了触发赔偿的阈值，但实际上某农户由于采取了有效的排水措施，并没有因为降雨而遭受太大的损失却依然能够获得赔偿，这就产生了上行基差风险。

与上行基差风险相反，下行基差风险发生在未触发保险合同中的天气指数的情况下，当农户遭遇了一定程度的灾害，本应获得保险赔偿来弥补损失，但是由于天气指数没有达到保险合同中规定的触发条件，农户无法得到赔付或者得到的赔付远远不足以弥补他们的损失。比如，在干旱保险中，如果保险合同规定只有当连续干旱天数达到一定标准时才进行赔付，而农户所在地区虽然出现了干旱情况，但干旱天数没有达到合同规定的标准，农户就得不到足够的赔偿，这就导致了农户在收益方面的损失，也就是下行基差风险。实践和研究中一般将基差风险狭义地看作下行基差风险，只关注基差风险给农户造成的损失。

第二节　空间基差风险对天气指数保险的影响机理

一般认为，我国县域范围内的各乡镇在温度、降水等气象条件、农业生产管理方式等农作物风险环境上较为相似，因此，目前天气指数保险开展的最小范围一般是县域。天气指数保险的机理是保障不同年份受灾特征较为统一、明确的农作物系统性生产风险，但在县域范围内不免会存在小气候，出现降水、温度等气象要素分配不均的空间异质性问题，导致最终统一按照县级尺度气象数据赔付时发生实际损失和模型损失的差异，从而产生天气指数保险空间尺度上的基差风险。在忽略时间基差风险和尽量控制产品设计误差的条件下，天气指数保险中的基差风险主要是来自空间上的基差风险。国际上对基差风险如何影响天气指数保险运行已有一定研究。Elabed 和 Carter 等将模糊厌恶(Ambiguity Aversion)理论引入基差风险对天气指数保险需求的研究中(Elabed and Carter，2014)。本书通过借鉴和完善已有研究来证明空间基差风险的存在对天气指数保险需求有影响，进而说明量化评估天气指数保险空间基差风险的必要性。模糊厌恶在原理上类似于行为经济学中分析农户生产决策行为时风险厌恶(Risk Aversion)的概念，但又有些许不同。风险厌恶是指行为主体对农业生产活动风险的风险偏好态度，即由于存在风险信息不对称性，行为主体为使风险最小化从而作出令自身利益最大化的生产决策行为(黄季焜等，2008；刘莹、黄季焜，2010；杨俊、杨钢桥，2011)。模糊厌恶是指当风险出现不确定性时，行为主体更倾向于选择熟悉的不确定性，而厌恶不熟悉的不确定性(唐越越，2016)。模糊厌恶和风险厌恶都是行为主体针对风险事件所作出的行为。不同的是，模糊厌恶强调主体对风险事件的主观认识，对风险大小的认知是模糊的、未知的；风险厌恶强调主体已知风险的大小，选择风险小的事件来规避风险。天气指数保险是一种农业风险管理手段，农户对存在的空间基差风险认知是模糊的。因此本书引入模糊厌恶理论来解释空间基差风险对天气指数保险运营的内在机理影响。

　　行为经济学中对天气指数保险个体农户的模糊厌恶研究通常基于复合抽奖选择模型来进行说明，如图 4-1 所示。天气指数保险对被保险的个体农户来说是一种"复合型彩票"(Compound Lottery)，可以简化为图中所示的过程：在第一阶段，个体农户对自己农作物的预期产量会产生一个判断，即未来作物的产量是高还是低，作物预期产量会因不同年份的气候及其他因素不同而不断发生变化，是一个随机过程。假设作物发生增产的概率是 p，发生减产的概率则是 $1-p$。在第二阶段，被保险的个体农户面临第二次"抽奖"，判断预期天气指数是否触发，不同年份作物高产、低产触发天气指数的概率分别为 q_1 和 q_2，不触发天气指数的概率则分别为 $1-q_1$ 和 $1-q_2$。在第三阶段，个体农户根据前两个阶段的判断得出不同的概率选择进而作出最终的行为选择——购买或不购买天气指数保险。

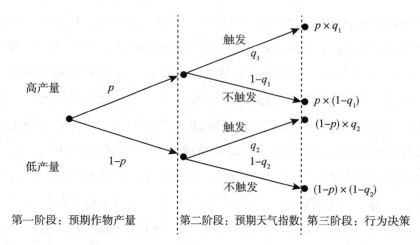

图 4-1　天气指数保险中农户复合抽奖选择模型

　　目前，我国天气指数保险无法按照每个乡镇尺度的数据为其"量身定做"天气指数保险产品，都是基于更大尺度——县级尺度的数据来设计天气指数保险，这样不免会存在空间尺度上的基差风险。也就是说，不同乡镇的农户因区域小气候的存在，可能获得与实际损失不匹配的赔偿，即有的农户区域小气候严重，发生了损失但县级尺度天气指数没有触发而没有得到赔偿或得到的赔偿不足以弥补实际损失；而有的农户区域小气候轻微，未发生损失但县级尺度的天气指数触发得到了赔偿。因此，在忽略时间基差风险和控制产品设计误差的假设前提下，空间基差风险的存在为个体农户的"复合抽奖"蒙上了模糊的面纱，模型中的 p、q_1 和 q_2 概率值实际上对于个体农户来说都是未知的、模糊的。特别地，当这种模糊性是一种未来损失的可能性时，农户对这种模糊性的厌恶和回避心理就会更加强烈。这种模糊厌恶在一定程度上影响了个体农户参与天气指数保险的积极性。个体农户不知道天气指数保险赔付的概率分布，保险的赔付出现不确定性，特别是从历史上看，按照县级尺度数据统一赔付，很可能出现有损失但得不到或者不足以弥补实际损失的情况，所以农户不愿意冒着空间基差的风险而去购买天气指数保险（Carter et al.，2014）。这种假阴性错误（False Negative Probability，FNP）的大小取决于天气指数保险所承保的空间范围，即天气指数保险涵盖的范围越广，这种假阴性错误出现的概率越大，天气指数保险的需求会越低，农民参加天气指数保险的积极性越低。

第三节　空间基差风险的量化评估

风险损失的不确定性，或体现在产量减少上，或体现在最终收益降低上，收益上的损失涉及价格变化，产量上的损失客观直接。特别是本书研究的是天气指数保险中的空间基差风险，天气指数保险保障的是农作物的产量损失，因此本书的空间基差及空间基差风险都是在产量损失的层面进行衡量。纵观国内外已有文献，虽对各种指数保险中基差风险如何衡量的问题研究不多，但总结发现主要思路有两种：一是比较同一承保范围内不同地区的保险赔付情况，该方法的优势是能够确定基差风险对农户收入造成的影响。我国天气指数保险起步较晚，目前的保险产品大多是针对地方特色农产品进行试点，没有很长的历史赔付数据可供参考。二是利用替代性指标来衡量基差风险的大小。一种是不同尺度气象要素数据的相关性分析，分析不同气象站测得的气象数据之间的相关性。比如县级气象站和乡镇级气象站观测数据的相关性，相关系数的结果可以确定指数是否仍能代表该区域的个体损失；另一种是将目标地与气象站之间的距离作为替代指标衡量基差风险的大小。根据我国现有气象站基础设施建设水平，乡镇一级自动站建设不足，数据质量较差，时间长度较短，无法利用乡镇尺度的气象数据展开研究。另外，距离这一替代性指标衡量基差风险过于单一，未考虑海拔、地形等空间因素，结果可靠性值得怀疑。基差风险最早来源于期货市场，期货领域对基差已有一定的研究，期货市场上的基差虽与指数保险基差概念不同，但是机理上有一定的相似之处。另外，国外对区域产量保险基差风险也有一定的研究。因此，本书在借鉴期货和区域产量保险领域基差风险的量化研究基础上，探索天气指数保险中的空间基差及空间基差风险的量化评估问题。

一、基差风险的量化

期货市场上的基差指的是现货和期货两个市场上的价格偏差，是现货和期货价格的差值，这种差值基本上是由时间因素引起的。

卢太平等（2002）认为期货市场上的基差是指资产的现货价格与期货合约价格的差值，用式（4-1）表示：

$$b = S - F \tag{4-1}$$

其中，b 为套期保值基差，S 为现货价格，F 为期货价格。他指出，当现货价格大于期货价格时，基差随之增加，称为基差扩大（Strengthening of the Basis）；当现货价格小于期货价格时，基差随之减少，称为基差减少（Weakening of the Basis）。由基差变化而导致的期货市场套期保值效果的不确定性称为基差风险（Basis Risk）

卢太平（2007）对期货市场基差的界定作了改进，区分了时间基差和空间基差的概念，认为基差可以用式（4-2）表示：

$$b_t = S_{t,i} - F_t = (S_t - F_t) + (S_{t,i} - S_t) \tag{4-2}$$

其中，S_t 表示 t 时刻资产的现货价格，F_t 表示 t 时刻资产的期货价格，b_t 表示 t 时刻套期保值的基差。$S_{t,i} - F_t$ 反映的是现货市场和期货市场的时空价格差异。$S_t - F_t$ 代表时间基差，$S_{t,i} - S_t$ 代表空间基差。空间基差是由于现货市场空间不同引起运输费用等因素不同而产生的价格差异。目前大多数期货市场采用标准合约，现货市场之间的运输费用及品种差异这种价差在基差中所占比重较小，因而基差主要还是由时间差异引起的。因此，期货市场上的基差主要指的是时间基差，一般不考虑空间基差的作用。

印小川等（2012）在研究基差对风险规避效果的影响时，将基差定义为期货价格与现货价格的偏差，不考虑空间基差，仅考虑时间基差，如式（4-3）所示：

$$W_t = F_t - S_t \tag{4-3}$$

其中，W_t 表示 t 时刻的基差，F_t 表示 t 时刻的期货价格，S_t 表示 t 时刻的现货价格。

裴永等（2016）则基于影响因素对期货市场上的基差进行了定义，如式
(4-4)所示：

$$B_t = S_t - F_t$$
$$B_t = \varepsilon_t + C_t = S_t - F_t \qquad (4\text{-}4)$$
$$\varepsilon_t = S_t - F_t - C_t$$

其中，B_t、S_t、F_t分别代表t时刻的基差、现货价格和期货价格，C_t代表可解释因素，ε_t代表不可解释因素。

关于如何衡量期货市场上的基差风险问题，郭美佳（2012）、卢太平（2007）、卢太平等（2002）使用基差的方差σ_b^2来度量期货市场套期保值的基差风险的大小，如式(4-5)所示：

$$\sigma_b^2 = \sigma_S^2 + \sigma_F^2 - 2\rho\sigma_S\sigma_F$$
$$P = \frac{S}{F} \qquad (4\text{-}5)$$

其中，S为要保值资产的现货价格；F为要保值资产的期货价格；b为套期保值基差。σ_S^2为现货价格的方差；σ_F^2为期货价格的方差；ρ为现货价格S和期货价格F的相关系数，若$S = F$且$\rho = 1$，则不存在基差风险。基差风险完全由现货价格S和期货价格F方差的大小以及它们的相关程度决定。由式(4-5)可知，要降低期货市场上的基差风险有两个途径：一是增大现货价格S和期货价格F的相关程度；二是缩小现货价格S的标准差σ_S^2和期货价格F的标准差σ_S^2之间的差距。

综上，从期货市场基差量化的已有研究可以发现，基差指的是一种差值，在期货市场上大多是由于时间因素引起的现货和期货的价格差异，空间因素对基差的影响较小。天气指数保险领域的基差主要是保险产品赔付损失与实际损失之间的差异，主要由空间因素引起，时间因素的影响较小。天气指数保险的空间基差可以借鉴期货市场衡量基差的方法，认为是按照保险产品模拟的气象产量损失与实际损失之间的差值，这种差值主要由于空间尺度不同造成的。

二、区域产量保险空间基差的量化

区域产量保险同天气指数保险一样，属于区域指数保险的一种，同样涉及空间尺度异质性问题。与天气指数保险不同的是，区域产量保险强调的是产量空间异质性，而天气指数保险强调的是气象要素的空间异质性。因此，可借鉴区域产量指数保险上空间基差风险的研究来探索天气指数保险中的空间基差风险问题。Carter et al.（2014）对区域产量保险的基差风险给出了如下数学定义：

$$y_{hzt} - \mu_{hz} = \beta(y_{zt} - \mu_z) + \varepsilon_{hzt} \tag{4-6}$$

其中，z 代表区域，h 代表该区域的某一农户，y_{hzt} 代表第 t 年 z 区域农户 h 的产量，y_{zt} 代表第 t 年 z 区域所有农户的平均产量，μ_{hz} 代表 z 区域农户 h 的历史平均产量，μ_z 代表 z 区域所有农户的历史平均产量。ε_{hzt} 表示农户 h 的产量在历史平均产量水平上产量波动的异质性因素，具有不确定性（如局部的病虫害），保险承保的区域范围越大，这种异质性因素对整体变异的影响会越大。参数 β 代表个体农户 h 的产量波动与其他农户的产量存在相关性。当 $\beta = 0$ 时，农户 h 与其他农户的产量之间没有任何关系；当 $\beta = 1$ 时，农户 h 与其他农户的产量紧密相关。为了简单起见，假定个体农户 h 与其他农户的产量是紧密相关的，即 $\beta = 1$，如式（4-7）：

$$\begin{cases} y_{hzt}^* = y_{hzt} - \mu_{hz} \\ y_{zt}^* = y_{zt} - \mu_z \end{cases} \tag{4-7}$$

其中，y_{hzt}^* 表示个体农户 h 的产量损失，y_{zt}^* 表示区域产量损失。由此可得：

$$y_{hzt}^* = y_{zt}^* + \varepsilon_{hzt} \tag{4-8}$$

其中，y_{zt}^* 的区域产量损失是从区域产量指数保险产品中获得，得到式（4-9）：

$$y_{zt}^* = f(S_{zt}) + v_{zt} \tag{4-9}$$

其中，S_{zt} 代表遥感植被指数，是直接测量得到的衡量区域产量的指数，$f(S_{zt})$ 代表指数和产量之间的关系，v_{zt} 代表设计误差。如果指数设计得很好，误差就会小；如果指数设计得不尽合理，误差就会大。最终得到个体农户 h 产量损失与区域产量损失之间的关系为式(4-10)：

$$y_{hzt}^* = f(S_{zt}) + (v_{zt} + \varepsilon_{hzt}) \tag{4-10}$$

其中，$v_{zt} + \varepsilon_{zt}$ 表示的是基差风险，v_{zt} 表示人为设计误差导致的产品基差风险，ε_{hzt} 表示个体农户水平与区域水平之间空间上的异质性。

综上，从区域产量保险基差的已有研究可以发现，区域产量保险的基差主要是空间因素引起的，是个体农户的实际产量与区域平均产量之间的差异，与期货市场上的基差一样，在数值上指的是一种差值。具体到我国的天气指数保险领域，由于天气指数保险最终也是保障作物的产量损失，更具体地说，这种产量损失体现的是气象对产量的损失，是一种气象产量损失。因此这种差值在天气指数保险上体现在按照保险产品设计的县级区域气象产量损失与更小一级空间尺度——乡镇级实际气象产量损失的差异。除此之外，从式(4-10)还可以看出，空间基差指的是个体水平的实际损失与区域损失之间的差值，区域损失需要从指数与产量的关系模型 $f(S_{zt})$ 模拟得到。可见，衡量空间基差的关键是天气指数与产量的关系模型，从而得到区域模拟气象产量损失值。

三、天气指数保险空间基差及空间基差风险的量化

(一)空间基差的量化

借鉴上述两个部分对期货领域和区域产量保险领域基差的研究探索天气指数保险空间基差的量化方法。期货市场上的基差主要是由于时间差异引起现货市场和期货市场的价格差异，空间因素的影响较小，而区域产量保险主要增加了空间基差的概念，二者都表明基差是一个差值。天气指数保险上的空间基差是保险模拟的区域水平气象产量损失与个体水平实际气象产量损失之间的差值，区域水平上的气象产量损失是利用县级尺度天气指数与产量的关系模型模拟得到，而个体水平上的实际损失指的是乡镇尺度的实际气象产量损失，这种差值是由于气象要素的空间尺度异质性造成的。与区域产量保险不同的是，衡量的是气象产量损失，反映的是气象对产量的影响。

借鉴期货市场和区域产量保险的数学推导方法，天气指数保险中空间基差可用数学公式表达为：

$$\Delta dy_{hzt} = \Delta dy_{zt} + \varepsilon_{hzt}$$

$$\Delta dy_{zt} = f(w_{zt}) + v_{zt} \qquad (4\text{-}11)$$

$$\Delta dy_{hzt} = f(w_{zt}) + (v_{zt} + \varepsilon_{hzt})$$

其中，z代表县，h代表该县的各个乡镇。Δdy_{hzt}代表个体水平即第t年z县乡镇h的气象产量损失，Δdy_{zt}代表区域水平即第t年z县的气象产量损失。ε_{hzt}表示乡镇h由于存在区域微气候，乡镇个体水平的气象产量损失与县级区域气象产量损失不完全相同而产生的异质性。$f(w_{zt})$表示利用z县数据得到的天气指数与产量之间的关系，v_{zt}表示产品设计的误差，$v_{zt} + \varepsilon_{hzt}$表示天气指数保险的基差风险。基于本书的假定，在优化天气指数保险产品设计的基础上，使v_{zt}尽可能小而忽略不计，ε_{hzt}可近似认为是空间基差，为方便比较都取正值。因此，天气指数保险空间基差用数学公式可表示如下：

$$\varepsilon_{hzt} = \mid \Delta dy_{hzt} - f(w_{zt}) \mid = \mid \Delta dy_{hzt} - \Delta dy_{zt} \mid \qquad (4\text{-}12)$$

其中，ε_{hz}表示乡镇个体水平上的气象产量损失与县级区域气象产量损失之间的差值，而县级区域气象产量损失需要保险产品设计时天气指数与产量的关系模型得到，这是衡量天气指数保险空间基差的关键。即在忽略人为设计误差的条件下，县级区域气象产量损失相当于县级尺度数据气象与产量关系模型得到的模拟区域气象产量损失。

（二）空间基差风险的评估

通过上述方法可以衡量天气指数保险中的空间基差，但衡量出的各乡镇空间基差有何特点？历史上空间基差的不确定性及空间基差风险如何评估？空间基差风险发生的概率如何？这些问题值得深入研究，可为后续天气指数保险空间基差风险的管理提供可供参考的依据。从"理论分析"部分的农业风险管理理论可知，风险评估指的是量化和评估各种风险事件可能造成的损失。风险评估有基于风险因子、风险机理和风险损失三种方法，分别从致灾因子、致灾机理和损失程度入手开展风险评估（徐磊、张峭，2011；张峭、王克等，

2015；赵思健、张峭等，2018；赵思健、王月琴，2019）。

上文阐述了天气指数保险空间基差的概念。作为风险的一种，空间基差风险可采用基于风险损失的方法来量化评估。基于风险损失的评估方法直接从生产损失结果入手，通过构建损失的概率分布模型来评估风险发生的概率，主要包括损失估计、模型选择和模型优选三个步骤，最终获得最优的风险损失概率分布曲线。按照一般农业风险损失的评估方法，得到评估天气指数保险空间基差风险的步骤如图 4-2 所示。

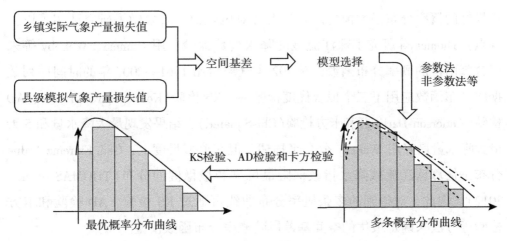

图 4-2　天气指数保险空间基差风险评估步骤

量化空间基差：需要得到的县级尺度气象异常与产量损失之间的关系，并在此基础上计算县级区域模拟气象产量损失值，计算乡镇尺度实际气象产量损失值与县级区域模拟气象产量损失值的差异得到空间基差的大小，其中利用县级数据拟合气象异常与产量损失之间的关系模型是关键步骤。

概率模型选择：衡量空间基差发生的可能性即县级区域模拟气象产量损失与乡镇实际气象产量损失的差值发生的概率，构建空间基差的概率分布函数模型，目前风险损失模型的方法主要包含参数法和非参数法。其中，参数法首先假定数据服从某种分布，然后用数据估算分布函数的参数，常用的概率分布函数模型包括正态分布、Logistic 分布、Beta 分布、Gamma 分布、

Johonson 分布、Weibull 分布、Gen-Logistic 分布和 Wakeby 分布函数模型等；非参数法则不需要事先假定分布模型，具有分布形式自由、对函数形式假设要求宽松、受样本观测错误影响小的特点，常用的有核密度估计模型。非参数模型需要较大的样本量，通常样本量大于 30 时可采用非参数模型，反之则建议采用参数模型（王克，2008；吴利红、娄伟平等，2010；赵思健、张峭等，2018；王月琴、赵思健，2019）。

选择最优模型：本书使用的数据量较小，采用参数模型方法来衡量空间基差风险发生的概率分布。不同模型对风险损失拟合效果不尽相同，需要选择最优的概率分布函数模型。有学者针对风险拟合效果做了研究证实了以上观点：Thomas 等研究了珠江流域的降水指数保险，用 Gamma、Wakeby 等来拟合降雨量的概率分布函数，对 192 个气象台站 1961—2007 年的时间序列数据的分布函数应用了三个拟合优度检验——KS 检验（KolmogorovSmirnov）、AD 检验（Anderson-Darling）和卡方检验（Chi-Squared），结果发现最大降水量和 5 天最大降水量最好用 Wakeby 分布来描述，但在流域尺度上，Gen. Extreme Value 分布是估算珠江流域降水指数保险最可靠和最稳健的分布（THOMAS et al.，2012）。因此，对得到的多条概率分布曲线可通过 KS 检验、AD 检验和卡方检验等方法来确定最优的空间基差风险概率分布函数模型。

第四节　机器学习在基差风险管理中的应用

一、机器学习理论基础

（一）经典机器学习算法理论

机器学习算法种类繁多，涵盖了从传统的统计学习方法到现代的深度学习模型，每种算法都有其独特的优势和适用场景。然而，在农业天气指数保险的设计中，并非所有算法都同等重要。本书从天气指数保险设计的角度出发，重点介绍了几种经典且广泛应用的机器学习算法，这些算法能够有效捕捉气象因素与农作物产量之间的复杂关系，并为天气指数的优化提供理论支持。

1. 随机森林（Random Forest，RF）

随机森林算法是一种集成学习方法，它构建了一个由多个决策树组成的森林，每个决策树都是基于随机选择的特征子集和随机选择的样本训练得到的，在分类任务中，随机森林通过集成各个决策树的预测结果来提高整体的预测精度。具体来说，算法中的每个决策树 $\{h(X, \theta_k), k = 1, 2, \cdots, K\}$，都是独立训练的，并且每个树的参数 $\{\theta_k, k = 1, 2, \cdots, K\}$ 是通过引入随机性来选择的，这种随机性体现在两个方面：

Bagging 思想：涉及从原始数据集 X 中进行有放回抽样，以生成 K 个与原始数据集等大小的样本子集 $\{T_k, k = 1, 2, \cdots, K\}$。对于每个子集 T_K，构建一个独立的决策树模型。

特征子空间思想：在决策树的每个节点分裂过程中，采用特征子空间方法，即从全部特征中随机选择一个子集（通常选择的特征数量为 $\log_2 M + 1$，其中 M 为特征总数），并从该子集中确定最优的特征用于节点的分裂。这种方法旨在通过随机化特征选择来增强模型的泛化能力，减少过拟合的风险。

随机森林模型的构建过程本质上是多个决策树模型的独立训练过程。鉴于这些决策树的训练过程彼此独立，可以采用并行计算的方法来优化模型的训练效率，随机森林模型的训练流程详见图 4-3。

在集成学习框架内，随机森林算法作为 Bagging 策略的一个实现，与单一决策树的构建过程有所区别。其构建过程可细化为以下步骤：

步骤 1：采用 bootstrap 抽样方法，从原始训练数据集中抽取 k 个大小相同的子集。这些子集在理论上能够代表原始数据集约 66.67% 的数据点。未被这些子集包含的数据点被定义为袋外样本（Out-Of-Bag，OOB）。这些袋外样本可用于模型验证，以评估随机森林的泛化性能。在随机森林的上下文中，OOB 样本提供了一种评估模型准确性的内部机制。

步骤 2：在构建集成学习模型的过程中，通过从原始数据集中生成 k 个子样本集，并基于这些子集分别构建 k 个决策树，以实现模型的集成。在每棵

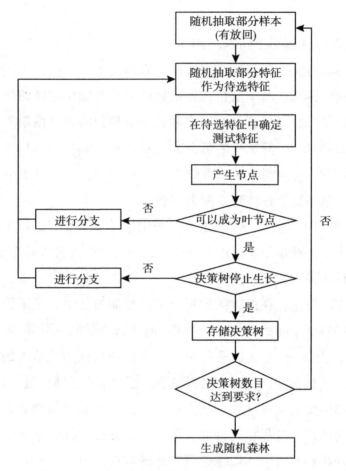

图 4-3 随机森林的训练流程

决策树的构建过程中,从 M 个可用特征中随机选择 m 个特征(其中 $m \ll M$),通常选择 m 为 M 的平方根向下取整。在每个决策节点,基于特定的选择标准,从这 m 个随机选择的特征中选取一个特征进行分裂。该决策树将完全生长至最大,这期间不进行任何剪枝操作,以确保模型能够充分捕捉数据的复杂性。

步骤 3:在随机森林算法中,通过构建 k 个决策树模型对测试数据集进行分类预测。每棵决策树独立地对新输入样本进行评估,并产生相应的预测结果。最终的预测输出是基于这些独立决策树的预测结果,通过实施多数投票机制来确定。具体而言,对于给定的新样本,随机森林模型将统计所有决策树的预测结果,并选择出现频率最高的类别作为最终的预测输出。

$$\hat{y}(t) = \text{mode}\{h_1(X(t)), h_2(X(t)), \cdots, h_M(X(t))\} \tag{4-13}$$

其中,M 是决策树的数量,h_M 是第 m 棵决策树的输出。

2. 支持向量机

支持向量机是一种经典的监督学习算法,广泛应用于分类和回归任务。SVM 的核心思想是通过寻找一个最优超平面,将不同类别的数据点分开,并最大化类别之间的边界(即间隔)。SVM 在处理高维数据和非线性问题时表现出色,特别适用于农业领域中的气象数据分析、作物分类和产量预测。

(1) 线性支持向量机

对于线性可分的数据集,SVM 的目标是找到一个超平面 $\omega \cdot x + b = 0$,使得两类数据点之间的间隔最大化。间隔定义为两类数据点到超平面的最小距离,SVM 通过最大化间隔来提高模型的泛化能力。

SVM 的优化问题可以表示为:

$$\min_{\omega, b} \frac{1}{2} \| \omega \|^2 \tag{4-14}$$

约束条件为:

$$y_i(w \cdot x_i + b) \geqslant 1, \ \forall i \tag{4-15}$$

其中,ω 是超平面的法向量,b 是偏置项,x_i 是第 i 个样本的特征向量,$y_i \in \{-1, 1\}$ 是第 i 个样本的标签。

通过引入拉格朗日乘子 α_i,可以将上述优化问题转化为对偶问题:

$$\max_{\alpha} = \sum_{i=1}^{N} \alpha_i - \frac{1}{2} \sum_{i=1}^{N} \sum_{j=1}^{N} \alpha_i \alpha_j y_i y_j (x_i \cdot x_j) \tag{4-16}$$

约束条件为:

$$\sum_{i=1}^{N} \alpha_i y_j = 0, \ \alpha_i \geqslant 0, \ \forall i \tag{4-17}$$

其中,α_i 是拉格朗日乘子,N 是样本数量。

最终的决策函数为:

$$f(x) = \text{sign}(\sum_{i=1}^{N} \alpha_i y_i (x_i \cdot x) + b) \qquad (4\text{-}18)$$

其中, x 是待分类的样本。

（2）非线性支持向量机

对于非线性可分的数据集, SVM 通过引入核函数（Kernel Function）将数据映射到高维空间, 从而在高维空间中找到一个线性可分的超平面。

核函数 $K(x_i, x_j)$ 用于计算高维空间中的内积, 常见的核函数包括：

（i）线性核： $K(x_i, x_j) = x_i \cdot x_j$

（ii）多项式核： $K(x_i, x_j) = (x_i \cdot x_j + c)^d$

（iii）径向基函数（RBF）核： $K(x_i, x_j) = \exp(-\gamma \parallel x_i - x_j \parallel^2)$

引入核函数后, SVM 的对偶问题变为：

$$\max_{\alpha} = \sum_{i=1}^{N} \alpha_i - \frac{1}{2} \sum_{i=1}^{N} \sum_{j=1}^{N} \alpha_i \alpha_j y_i y_j K(x_i \cdot x_j) \qquad (4\text{-}19)$$

约束条件同上述线性 SVM 相同, 最终的决策函数为：

$$f(x) = \text{sign}(\sum_{i=1}^{N} \alpha_i y_i K(x_i \cdot x) + b) \qquad (4\text{-}20)$$

（3）支持向量回归

支持向量回归（SVR）是 SVM 在回归任务中的扩展, 其目标是找到一个超平面, 使得大部分数据点位于一个间隔带（即 ε - 带）内。

SVR 的优化问题可以表示为：

$$\min_{\omega, b} \frac{1}{2} \parallel \omega \parallel^2 + C \sum_{i=1}^{N} (\xi_i + \xi_i^*) \qquad (4\text{-}21)$$

约束条件为：

$$y_i - (\omega \cdot x_i + b) \leqslant \varepsilon + \xi_i$$
$$(\omega \cdot x_i + b) - y_i \leqslant \varepsilon + \xi_i^* \qquad (4\text{-}22)$$
$$\xi_i, \xi_i^* \geqslant 0, \ \forall i$$

其中, C 是正则化参数, ξ_i 和 ξ_i^* 是松弛变量, ε 是间隔带的宽度。最终的决策函数为：

$$f(x) = \sum_{i=1}^{N} \left((\alpha_i - \alpha_i^*) K(x_i,\ x) + b \right) \tag{4-23}$$

其中，α_i 和 α_i^* 是拉格朗日乘子。

(二)机器学习模型评估与优化

机器学习模型的评估与优化是确保模型在实际应用中表现良好的关键步骤。评估旨在量化模型的性能，而优化则通过调整模型参数或结构来提高其性能。在天气指数保险等实际应用中，模型的性能不仅体现在其预测准确性上，还体现在其对基差风险的敏感性上。基差风险通常指模型预测值与实际值之间的系统性偏差，这种偏差可能由模型假设、数据分布变化或外部因素引起。通过模型的评估指标，如均方误差(MSE)、平均绝对误差(MAE)和决定系数(R^2)，可以量化基差风险，从而帮助识别模型的潜在缺陷并指导优化方向。

1. 评估方法

在机器学习中，最简单的评估方法是将数据集划分为训练集和测试集。训练集用于训练模型，测试集用于评估模型性能。常见的划分比例是70%训练集和30%测试集。然而，这种方法对数据划分的随机性较为敏感，可能导致评估结果不稳定，尤其是在数据量较小的情况下。为了克服这一局限性，交叉验证(Cross-Validation)被广泛采用，尤其是 k 折交叉验证(k-Fold Cross-Validation)。该方法将数据集均匀划分为 k 个子集，依次将每个子集作为测试集，其余 $k-1$ 个子集作为训练集，重复 k 次训练和评估，最终取 k 次结果的平均值作为模型性能的估计：

$$CV(k) = \frac{1}{k} \sum_{i=1}^{k} Performance_i \tag{4-24}$$

k 折交叉验证不仅减少了数据划分随机性带来的偏差，还能充分利用有限的数据，特别适用于小规模数据集。当 k 等于数据集大小时，k 折交叉验证退化为留一法交叉验证(Leave-One-Out Cross-Validation, LOOCV)，即每次仅使用一个样本作为测试集，其余样本作为训练集。LOOCV 的评估结果无偏，但计算成本较高，适用于极小型数据集。这些评估方法的选择需结合实际数据规模、计算资源以及模型复杂度，以确保评估结果的可靠性和稳定性。

2. 评估指标

在机器学习模型的评估过程中，选择合适的评估指标是衡量模型性能的关键。其中机器学习中的分类问题主要关注模型对样本类别的预测准确性，例如判断一封邮件是否为垃圾邮件或一张图片是否包含猫。因此，其评估指标通常围绕预测结果的正确性、类别分布的平衡性以及模型对正负类的识别能力展开。相比之下，回归问题则关注模型对连续值的预测精度，例如预测作物产量，其评估指标更多地侧重于预测值与真实值之间的偏差大小及其分布特性。接下来，本书将分别介绍分类问题和回归问题中常用的评估指标，以帮助全面理解模型在不同任务中的表现。

（1）分类问题

在分类问题中，模型的目的是将输入数据正确地分类为不同的类别。评估分类模型的常用方法包括准确率（Accuracy）、混淆矩阵、精确率（Precision）、召回率（Recall）、F1 分数（F1-score）、ROC 曲线和 AUC（Area Under Curre）等。

准确率：表示模型正确分类的样本所占总样本比例，其公式如下：

$$Accuracy = \frac{TP + TN}{TP + TN + FP + FN} \tag{4-25}$$

其中，TP、FP、TN、FN 的概念类似于医学检验结果，表现为真假阳性，详细判定如表 4-1 所示：

表 4-1　　　　　　　　　　　　　混 淆 矩 阵

	真实 1	真实 0
预测 1	True Positive（TP）真阳性	False Positive（FP）假阳性
预测 0	False Negative（FN）假阴性	True Negative（TN）真阴性

尽管准确率是一个常用的评估指标，但在类别不平衡时，准确率可能会误导，因此需要结合其他指标进行评估。

精确率：表示模型预测为正类的样本中，实际上为正类的比例，其公式为：

$$Precision = \frac{TP}{TP + FP} \tag{4-26}$$

召回率：表示实际为正类的样本中，模型能够正确预测为正类的比例，其公式为：

$$Recall = \frac{TP}{TP + FN} \tag{4-27}$$

F1 分数：精确率和召回率的调和平均数，用于综合考虑模型的精确度和召回能力，其公式为如下：

$$F1Score = 2 \times \frac{Precision \times Recall}{Precision + Recall} \tag{4-28}$$

其中，F1 分数越高，表明模型在精确率和召回率之间取得了较好的平衡。

ROC 曲线与 AUC（Area Under Curve）：ROC 曲线描绘了不同阈值下的真正类率（TPR）和假正类率（FPR）。AUC 是 ROC 曲线下的面积，用于衡量分类器的整体性能，AUC 值越大，模型性能越好，当 AUC 为 1 时，表示完美分类。

$$TPR = \frac{TP}{TP + FN}, \; FPR = \frac{FP}{FP + TN} \tag{4-29}$$

（2）回归问题

常用的回归评估指标包括均方误差（MSE）、均方根误差（RMSE）、平均绝对误差（MAE）和决定系数（R^2）。

均方误差是回归问题中最常用的评估指标之一，它度量了预测值与实际值之间的差异，其公式为：

$$MSE = \frac{1}{n} \sum_{i=1}^{n} (y_i - \hat{y}_i)^2 \tag{4-30}$$

其中，y_i 是真实值，$\hat{y}_i$ 是预测值，n 是样本数。MSE 越小，表示模型预测的误差越小。

均方根误差是 MSE 的平方根，它能够与原始数据的单位相同，从而便于

解释:

$$RMSE = \sqrt{\frac{1}{n} \sum_{i=1}^{n} (y_i - \hat{y}_i)^2}$$

(4-31)

平均绝对误差(MAE)度量了预测值与实际值之间差异的绝对值,其公式如下,MAE 对异常值的敏感性较低,适用于数据中存在较多异常值的场景。

$$MAE = \frac{1}{n} \sum_{i=1}^{n} |y_i - \hat{y}_i|$$

(4-32)

决定系数(R^2)是用来衡量回归模型拟合优势度的指标,它表示自变量能够解释因变量变异的比例,其公式为:

$$R^2 = 1 - \frac{\sum_{i=1}^{n} (y_i - \hat{y}_i)^2}{\sum_{i=1}^{n} (y_i - \bar{y})^2}$$

(4-33)

其中,$\bar{y}$ 是实际值的均值,R^2 的值介于 0 和 1 之间,越接近 1 表示模型的拟合效果越好。

在天气指数保险应用中,基差风险可以通过模型的评估指标来量化。例如,MSE 和 MAE 可以直接反映模型预测值与实际值之间的偏差,较高的MSE 或 MAE 值表明模型存在较大的基差风险。此外,R^2 值较低(接近 0 或为负)也表明模型未能很好地解释数据中的方差,可能存在基差风险。

通过分析这些指标,可以识别模型在特定数据集或场景下的基差风险,并采取相应的优化措施。

二、机器学习在天气指数保险中的应用

(一)机器学习在农业领域的应用场景

农业作为全球经济的重要支柱,面临着气候变化、资源短缺和人口增长等多重挑战。机器学习作为一种强大的数据分析工具,能够帮助农业领域应对这些挑战,提升生产效率,优化资源利用并降低风险。通过从大量农业数据中提取有价值的信息,机器学习能够为农业生产、管理和决策提供科学依

据，推动农业向智能化、精准化方向发展。

机器学习在农业中的应用场景广泛，涵盖了从农作物种植到收获的各个环节。以下是机器学习在农业中的几个典型应用场景。

1. 作物产量预测

机器学习在作物产量预测中的应用具有重要的现实意义，能够帮助农民和决策者制订合理的种植计划、优化资源配置，并为政府制定农业政策提供科学依据。从作物产量视角出发，其会受到气象条件、土壤特性、病虫害和农业管理措施等多种因素的影响，这些因素之间往往存在复杂的非线性关系，而机器学习能够从大量农业数据中提取有价值的信息，构建精准的产量预测模型。例如，基于气象数据的产量预测可以通过随机森林和支持向量机等算法，分析温度、降水和日照等气象因素对作物产量的影响。同时还可以结合时间序列模型（如 LSTM），分析气象数据的时间依赖性，进而预测未来作物产量；基于遥感数据的产量预测则利用卷积神经网络（CNN）分析卫星图像，提取作物生长特征，预测区域作物产量。此外，机器学习还能结合土壤数据和农业管理数据，通过聚类算法（如 K 均值聚类）分析土壤养分分布，优化施肥策略。尽管机器学习在作物产量预测中展现出高精度预测、多源数据融合和实时动态预测的优势，但仍面临数据质量与可用性、模型解释性和区域适应性等挑战。

2. 精准农业

精准农业通过结合传感器技术、地理信息系统（GIS）和机器学习，实现农田的精细化管理，旨在优化资源利用，提高生产效率并减少环境影响。机器学习在精准农业中的应用场景广泛，涵盖了从土壤分析到作物管理的各个环节。例如，机器学习能够通过分析土壤养分分布、湿度和 pH 值等数据，利用聚类算法（如 K 均值聚类）为农民提供精准的施肥建议，从而优化资源利用并提高作物产量。此外，结合气象数据和土壤湿度信息，机器学习模型（如决策树和神经网络）能够制订精准的灌溉计划，确保作物在关键生长期获得充足的水分，同时减少水资源浪费。

在病虫害防治方面，机器学习可以通过分析图像数据和气象数据，利用卷积神经网络识别作物叶片上的病虫害类型和严重程度，帮助农民及时采取防治措施，减少产量损失。精准农业的另一个重要应用是农产品质量检测，机器学习能够通过分析图像、光谱和传感器数据，实现农产品的自动化质量检测和分级。此外，在农业自动化方面，利用机器学习中的强化学习算法可以优化农业机器人的路径规划，提高作业效率。

3. 农业风险管理

农业风险管理是农业生产中的重要环节，旨在通过预测和应对气象灾害、病虫害和市场波动等风险，保障农业生产的稳定性和可持续性。机器学习在农业风险管理中的应用场景广泛，涵盖了从气象灾害预测到保险产品设计的各个环节。例如，机器学习能够通过分析历史气象数据（如温度、降水和风速），利用监督学习等算法，预测极端天气事件（如干旱、洪水和霜冻）对作物产量的影响，从而帮助农民提前采取防灾措施。在天气指数保险领域，机器学习通过结合气象数据和历史赔付记录，优化天气指数的设计，降低基差风险。例如，使用长短期记忆网络（LSTM）分析时间序列气象数据，能够动态调整天气指数的赔付阈值，提高保险产品的精准性和市场接受度。

此外，机器学习还能够通过分析市场数据和供应链信息，预测农产品价格波动，帮助农民和决策者制定合理的销售策略，减少市场风险。例如，使用时间序列模型（如 ARIMA）和深度学习模型（如 LSTM）分析历史价格数据，能够预测未来价格趋势，为农民提供科学的销售建议。

（二）机器学习在基差风险管理中的应用

在天气指数保险作为一种基于气象指数而非实际损失的保险产品，旨在为农业生产提供风险保障。其核心优势在于简化理赔流程、降低运营成本并减少信息不对称问题。然而，天气指数保险面临的一个重要挑战是基差风险，即保险赔付与实际损失之间的差异。基差风险的存在可能导致农户对保险产品的认可度降低，进而影响投保意愿和保险市场的可持续发展。

近年来，机器学习技术的快速发展为解决基差风险问题提供了新的思路。通过利用机器学习的高效数据处理能力和非线性建模能力，保险公司能够更准确地预测气象指数与农作物损失之间的关系，从而优化保险产品设计，降低基差风险。

1. 天气数据与作物产量预测模型

天气指数保险的一个关键目标是通过天气数据预测农业产量或损失。传统方法通过线性回归等模型尝试建立天气因素与作物产量之间的关系，然而，这些方法通常无法准确捕捉天气因素对作物生长的复杂非线性影响。对比而言，机器学习在处理复杂非线性关系时表现优异，在农作物产量预测中，模型不仅需要考虑单一的天气变量（如降水量或温度），还需要结合多维度的特征（如土壤湿度、作物生长阶段、地理位置等）。通过机器学习模型，可以更准确地预测某一特定地点或农场的作物产量，进而设计出更为精准的保险赔付方案，减少基差风险。

2. 气象指数的优化选择

在天气指数保险合约设计过程中，会面对众多影响作物产量的气象因子，然而气象指数的选择和优化往往面临数据复杂性高、非线性关系显著以及特征冗余等问题。通过机器学习算法，能够更高效地筛选关键气象因子，优化气象指数的构建，从而提高预测模型的精度和可解释性。

3. 特征重要性分析

为了有效管理基差风险，识别和量化影响基差的关键气象因子至关重要。特征重要性分析作为机器学习中的一种重要工具，能够筛选出对基差波动影响最大的气象特征，从而优化保险产品设计。拿具体算法举例，随机森林通过计算特征在决策树中的分裂重要性，评估其对模型预测的贡献，适用于筛选关键气象因子（如降水量、温度、风速等）。此外，SHAP 模型则是基于合作博弈论中的 Shapley 值，量化每个特征对模型预测的边际贡献，提供全局和局部解释。在天气指数保险中，SHAP 值分析能够揭示降水量、温度和风速等气象因子对基差风险的贡献程度，从而优化保险触发条件和赔付比率。

虽然特征重要性分析在天气指数保险的基差风险管理中具有显著优势，但其应用仍面临一些挑战。首先，气象数据的质量和可用性对模型性能有重要影响，而在农业领域，高质量的气象和农作物数据往往难以获取。其次，部分机器学习模型(如深度学习)的"黑箱"特性使得其预测结果难以解释,可能影响其在保险产品设计中的应用。此外,特征重要性分析的计算复杂度较高,可能限制其在大规模数据中的应用。随着机器学习技术的进一步发展和农业数据的不断积累,特征重要性分析在天气指数保险中的应用前景将更加广阔。

4. 特征提取与降维

气象数据通常具有高维度、非线性和时空依赖性等特点,例如降水量、温度、风速等多种气象因子之间可能存在复杂的相互作用。传统的统计方法难以有效处理这些高维数据,而机器学习技术(如主成分分析 PCA、自编码器等)能够从高维气象数据中提取关键特征,降低数据维度,从而提高模型的效率。例如,自编码器作为一种非线性降维方法,通过神经网络学习数据的低维表示,能够捕捉气象指数与农作物损失之间的复杂非线性关系,但需要注意的是,降维过程中可能会丢失部分重要信息,从而影响模型的预测精度。

(三)机器学习在天气指数保险中的潜在优势

1. 降低基差风险与优化赔付触发

传统的回归分析和统计模型通常假设天气变量与农业损失之间存在线性关系,然而在实际情况中,这种关系往往是非线性的。例如,降水量对作物的影响在不同季节、不同地区、不同作物类型下可能有所不同,且可能受到其他因素如土壤湿度、作物种类和生长阶段等的影响。机器学习算法则能够高效地捕捉这些复杂的非线性关系,减少基差风险。此外,站在赔付触发角度而言,当气象指数达到某一预定阈值时,保险公司就支付赔偿金。然而,由于基差风险的存在,传统的赔付触发机制往往不能完全反映实际损失。机器学习则可以通过模拟不同气象条件下的保险赔付决策,自动优化赔付触发的阈值设置。例如,强化学习算法,能够通过不断试错和调整策略,优化赔付触发机制,使其更加符合实际的农业损失情况。

2. 增强农民信任与提高普及度

一方面,机器学习模型的可解释性拓展可以在传统天气指数保险基础上进一步帮助保险公司与农民之间建立信任。通过基于历史数据训练的模型，农民可以更清楚地了解如何根据气象数据预测赔付，降低他们对保险公司"故意不赔偿"的担忧。此外，通过机器学习模型对赔付的预测和风险评估，农民可以更容易理解天气指数保险机制，增强其参与意愿。另一方面，机器学习能够显著提高天气指数保险产品的精准性，更好地满足农民的需求，从而促进天气指数保险的普及。在发展中国家，特别是气候变化频发的地区，天气指数保险能够为农民提供及时的经济保障，而机器学习的应用则进一步提升了其可操作性与广泛适用性。

3. 综合数据融合与多元风险管理

机器学习不仅能够处理气象数据，还能够有效融合多种数据源，构建多元的风险管理框架。在天气指数保险中，农业风险不仅仅由气象因素决定，还受到土地使用、作物种类、市场价格等多重因素的影响。机器学习，特别是深度学习和图神经网络（GNN），能够将这些多维度的复杂数据进行综合分析，提供更加全面的风险管理策略。

三、实务应用

本书将以黄淮地区半冬性冬小麦为例，展现机器学习在天气指数保险中的实际应用，为农业风险管理提供一种新的思路和方法。

（一）研究对象与数据处理

选取黄淮地区（河南、山东两省）49 个相邻区县的冬小麦作为研究对象，小麦作物的类型以半冬性冬小麦为主，研究区县如图 4-4 所示。

基于黄淮地区半冬性冬小麦的生长特性，收集 2001—2022 年冬小麦农作数据以及区域气象因子数据。其中，气象数据来源于国家气象科学数据共享服务平台，以黄淮地区中 49 个区县行政区划分为依据，包括各县年内每日平均气温、降水量以及日照时数等数据；农作数据来源于山东、河南等省份统

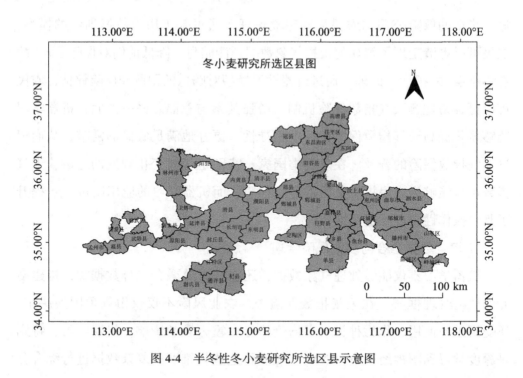

图 4-4　半冬性冬小麦研究所选区县示意图

计年鉴和 WheatA 小麦芽——农业气象大数据网站①。

　　针对农作数据，为避免播种面积变化对产量的影响，选择年均单产作为产量数据。年均单产指标由年产量与播种面积数据相除得到（单位：吨/公顷）。随后分别对黄淮地区各区县气象数据以及产量数据进行了预处理：

　　缺失值处理：主要采用删除和补齐两种方法相结合。对于产量数据，作为模型中的预测值，删除原始单产数据缺失的样本；对于气象数据，根据其余区县特征的平均值进行补充。此外，由于部分区县行政区域变化存续时间较短，数据统计前后口径不一致，因此在数据处理阶段删除部分区县，使用其余 49 个区县数据。

　　异常值处理：根据 3σ 原则，将气象数据值分布在 $(\mu-3\sigma, \mu+3\sigma)$ 之外的样本进行删除以避免异常值对后续模型的影响，最终输入模型的数据共

---

　　①　WheatA 小麦芽：https://wheata.cn.

1078 条，时间跨度为 2001—2022 年。

标准化处理：为避免不同特征量纲和单位不一致的影响，进一步提高机器学习的准确性，采用如下公式对数据进行处理：

$$x_i' = \frac{x_i - \mu}{\sigma} (i = 1, 2, \cdots, 28) \tag{4-34}$$

其中，x_i' 表示标准化后的特征值，x_i 表示未标准化的特征值，μ 表示该属性下特征的平均值，σ 表示标准差。

数据整合：以区县代码和年份作为双重索引，将气象数据和农作数据进行整合，整合后数据包含 27 个气象因子特征，分为温度、日照和降水量。数据整体分布特征如图 4-5 所示，曲线表示各气象因子的核密度估计 KDE。

对于温度数据，6 月的数据呈现正态分布，较为稳定；而其余月份受地理位置、季节和气候等变化的影响，波动较为明显，存在一定的极端温度情况。就降水量而言，均呈现单峰正偏（右偏态）分布；横向比较而言，降水量的分布存在季节性差异，对于特定季节的降水量，也存在极端值的情况。从日照数据分布来看，其多条 KDE 曲线呈现双峰甚至多峰分布，表明日照受地理位置以及气候变化等影响；而从横向角度来看，其峰值分布的位置大体一致，仅 5 月、10 月、11 月的频率峰值呈现在日照较大的区间处，即日照数据在不同季节有一定的变化。

农作物的实际产量分为趋势产量、气象产量和随机产量，具体意义见表 4-2。

表 4-2　　　　　　　　　　　　　实际产量的分类

产量类型	意　义
趋势产量	农业生产技术水平（如生产工具、管理经验、品种改良等）提高而带来的产量增长
气象产量	不同年份的气候条件（如温度、降水、日照等）造成的产量差异
随机产量	偶然因素（如病虫害等）导致的产量波动

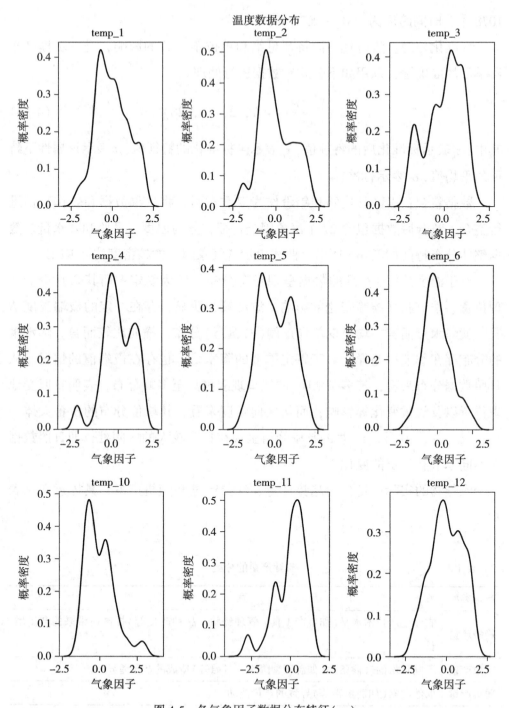

图 4-5　各气象因子数据分布特征(一)

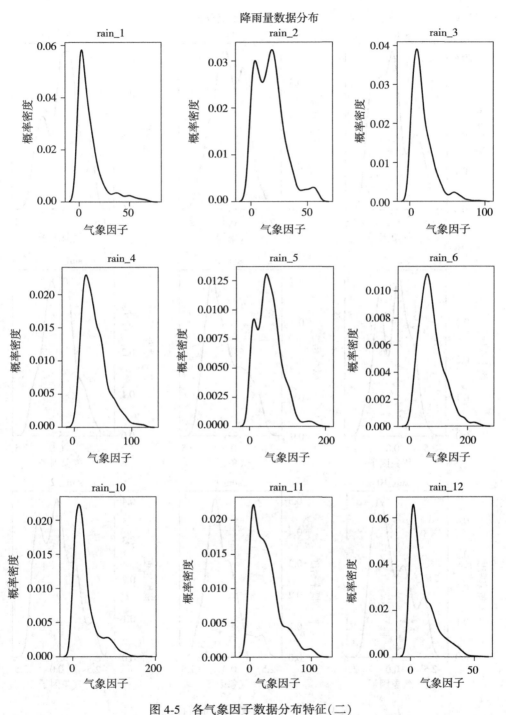

图 4-5　各气象因子数据分布特征（二）

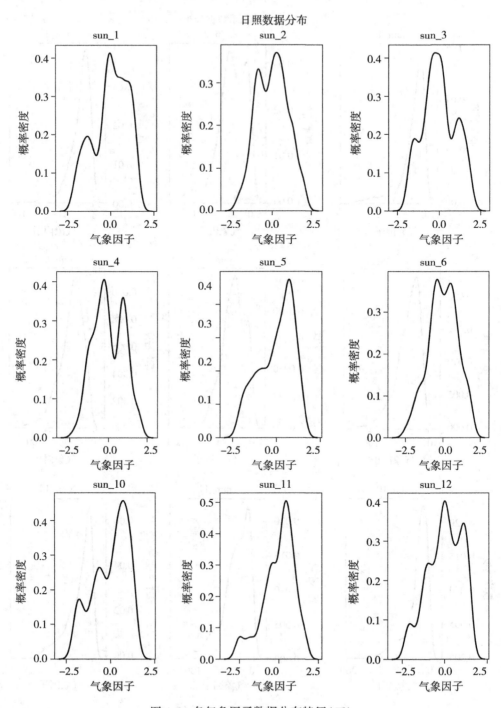

图 4-5　各气象因子数据分布特征(三)

由于随机产量具有偶发性且对实际产量的影响较小，在分析产量时选择将其忽略不计；气象产量无法直接拟合得到，由实际产量与趋势产量作差得出。具体来说，气象产量是从实际产量中分离出趋势产量后的余值：

$$y_w = y_t - \hat{y}_t \tag{4-35}$$

其中，y_t 为实际产量，$\hat{y}_t$ 为趋势产量，y_w 为气象产量。

对于趋势产量分离的方法，主要包括滑动平均法、HP 滤波法、二次指数平滑法等。在以往研究中，多位学者认为 HP 滤波法和滑动平均法能更好地拟合气象产量(刘金宇等，2022；魏庆伟等，2019)。

对于滑动平均法，其原理是通过在一段固定的时间窗口上计算序列的平均值，以平滑掉高频的波动，公式如下所示，因此滑动平均能够有效去除短期波动，反映出长期趋势，但其对于时间序列的两端存在边界效应，无法很好地处理边缘数据。

$$\hat{y}_t = \frac{1}{k} \sum_{i=0}^{k-1} y_{t-i} \tag{4-36}$$

其中，$\hat{y}_t$ 表示第 t 时刻的滑动平均值，k 是滑动窗口大小，y_{t-i} 表示 $t-i$ 时刻的实际数据。k 是人为设定的参数，不同窗口大小会影响平滑效果，通常 k 越大可以更好地揭示长期趋势，但也会忽略一些重要的短期变化。

对于 HP 滤波法，其目标是将一个时间序列 y_t 分解为趋势部分 τ_t，通过最小化下述目标函数实现趋势分离：

$$\min_{\tau} \left\{ \sum_{t=1}^{T} (y_t - \tau_t)^2 + \lambda \sum_{t=2}^{T-1} ((\tau_{t+1} - \tau_t) - (\tau_t - \tau_{t-1}))^2 \right\} \tag{4-37}$$

第一部分 $\sum_{t=1}^{T} (y_t - \tau_t)^2$ 是原始数据与趋势之间的偏差平方和，表示对趋势与数据拟合的要求；第二部分 $\sum_{t=2}^{T-1} ((\tau_{t+1} - \tau_t) - (\tau_t - \tau_{t-1}))^2$ 是趋势项的平滑性约束，表示对趋势平滑性的要求；λ 是一个平滑参数，控制平滑程度，λ 值越大，趋势越平滑，基于上述年度数据，故取 λ 为 100。使用滑动平均法和 HP 滤波法分别对黄淮地区各区县单产进行拟合，以安阳县为例，其冬小麦趋势单产和气象单产分离结果如图 4-6 所示。

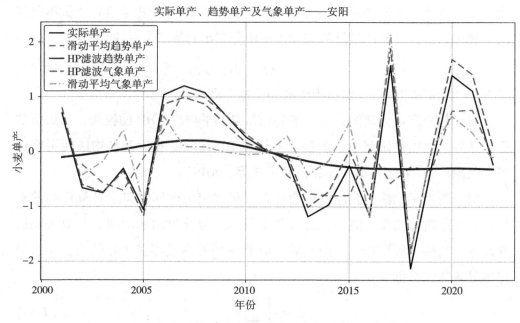

图 4-6　冬小麦单产分离方法对比（以安阳县为例）

本节采用 HP 滤波法分离获取各区县的冬小麦气象单产，部分区县的分离结果如图 4-7 所示，可见黄淮地区各区县产量数据中的长期趋势分布具有一致性，其原因在于各区县地理经纬度邻近、种植习惯、土壤肥力以及技术进步等因素相互影响，进而反映出在冬小麦产量的长期趋势上具有一定的同步性。

（二）天气指数设计

1. 气象因子特征提取

在考虑天气指数设计时，首先从机器学习的角度出发，探究气象因子和冬小麦单产量之间的关系，同时对特征重要性进行可视化解释以提取对农作物产量影响较大的气象因子，进一步优化天气指数设计。

（1）基于随机森林进行气象因子与农作物产量关系拟合

将上述整理的区县级天气数据作为模型输入变量，冬小麦年单产量作为

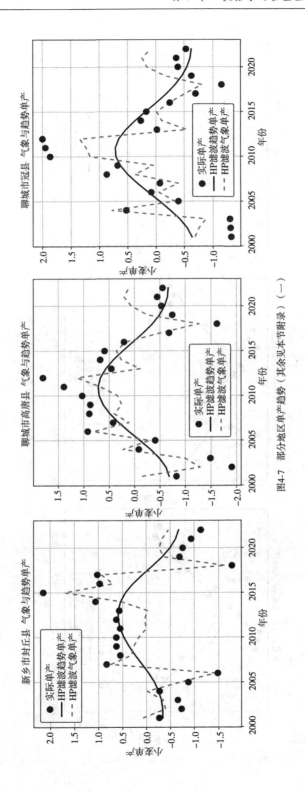

图4-7 部分地区单产趋势（其余见本节附录）（一）

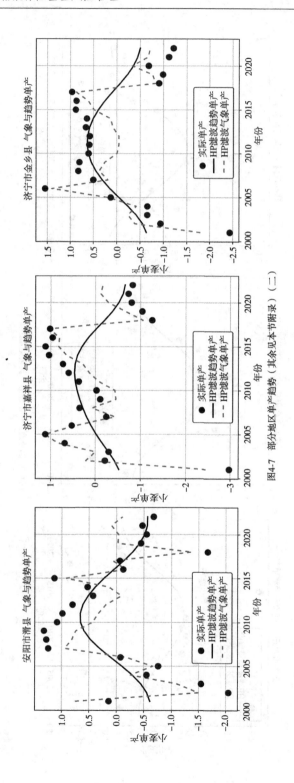

图4-7　部分地区单产趋势（其余见本节附录）（二）

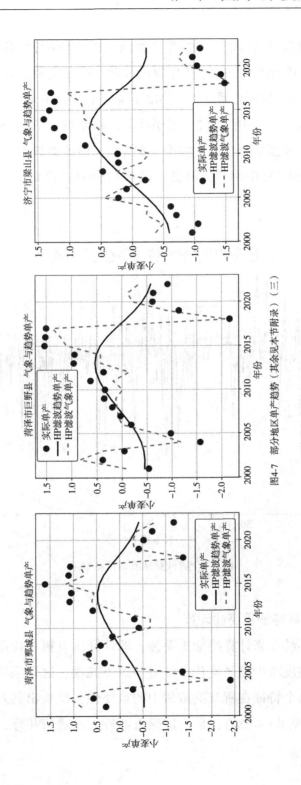

图4-7　部分地区单产趋势（其余见本节附录）（三）

输出变量，随机选择80%的样本数据作为训练集，20%的数据作为测试集，利用随机森林算法进行拟合，其中使用随机搜索方法寻找最优超参数组合，并通过交叉验证评估模型性能，最终确定树的棵数（n_estimators）为200，最小分割样本数（min_samples_split）为2，最小叶节点样本数（min_samples_leaf）为1等最优超参数，模型的拟合效果如图4-8所示，训练集样本RMSE为0.2023，测试集样本RMSE为0.5453，可见该模型拟合效果良好，具有一定的预测能力。

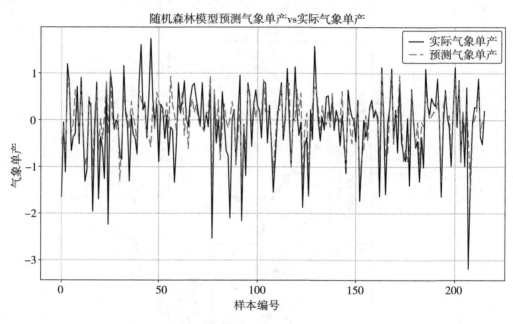

图4-8　随机森林模型预测效果

（2）随机森林特征重要性计算

基于节点不纯度来计算特征重要性，即计算所有树中使用该特征进行分裂所带来的不纯度减少的平均值，针对节点不纯度，这里采用基尼指数来衡量。通过计算每个特征在所有决策树中的重要性，反映出其对农作物单产预测的影响效果（见式（4-38）），最后按照重要性大小进行排序，具体结果如图4-9所示。

$$Importance(f_j) = \sum_{t=1}^{T} \sum_{i \in I_t} \Delta I_{i,j} \qquad (4\text{-}38)$$

其中，T 表示树的数量，I_t 表示树 t 中的所有节点，$\Delta I_{i,j}$ 是使用特征 f_j 进行分裂带来的不纯度减少量。

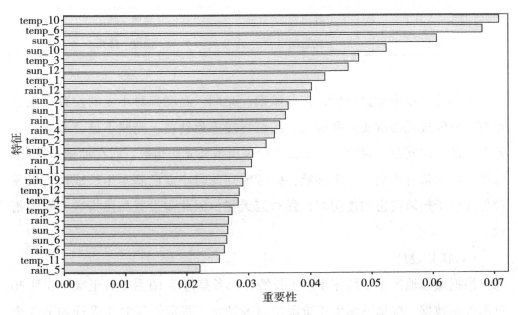

图 4-9　随机森林特征按重要性排序

从图 4-9 中可以发现对小麦单产预测重要的天气指标依次为：10 月的温度、6 月的温度、5 月的日照时间、12 月的日照时间、10 月的日照时间、1 月到 3 月的温度等指标；对这些指标按小麦生长时期一一对应整理如表 4-3 所示。

表 4-3　　　　黄淮地区半冬性冬小麦生长阶段与天气指标对应关系

时间(月份)	阶段	天气变量
10 月上—10 月下	播种出苗期	温度、光照
11 月上—12 月上	分蘖期	光照、温度、降雨
12 月中—2 月中	越冬期	温度、光照、降雨

续表

时间(月份)	阶段	天气变量
2月下—3月中	返青期	光照、温度、降雨
3月下—4月上	拔节期	光照、温度、降雨
4月中—4月下	抽穗开花期	温度、降雨
5月上—5月下	乳熟期	光照、降雨
6月上	成熟期	温度、降雨

以部分阶段来举例分析，在分蘖期，光照、温度都对小麦的发育有重要影响，温度过低会造成分蘖缓慢，甚至直接冻死幼苗，光照不足会造成小麦营养不足，因此在该时期有必要设置冷害指数和光照指数；而在抽穗开花期，温度、降雨都对小麦有一定影响，但考虑到此时小麦已基本生长成形，仅需额外注意干热风灾害和连阴雨、强对流天气，因此需设置高温指数、降雨指数。

（3）指数设计

根据黄淮地区半冬性冬小麦生长特性，考察每年10月1日至次年6月30日的气象数据，根据不同生长阶段特点及特征，提取结果对应设计如下9个具体指数。

① 播种期积温指数(GDD1)

对播种期的黄淮地区冬小麦生长的有利气象条件为日平均气温15℃~18℃，≥0℃积温200℃左右，若日均气温低于10℃或高于20℃时播种都难以形成壮苗。本书这里假设冬小麦播种出苗期为每年10月1日至31日，计算日平均温度与0℃的差值作为积温，以衡量播种期平均温度对小麦生长发育的影响。故设计播种期积温指数GDD1如下：

$$GDD1 = \frac{\sum_{i=Oct.1}^{Oct.31} AT_i - b}{\overline{T}_1} \tag{4-39}$$

其中，AT_i 表示日均气温；b 为积温控制温度，取0℃；$\overline{T}_1$ 表示该时段的积温总需量，取 200℃ ; i 为该阶段所考察时期，取 10 月 1 日至 10 月 31 日。

② 分蘖期冷害指数（CDD1）

小麦分蘖对环境反应十分敏感，分蘖期（本书假设为 11 月 1 日至 12 月 10 日）内日平均气温低于 6℃ 将会导致分蘖缓慢，分蘖大多不能成穗。此外还需注意是否出现强降温天气。

因此，分蘖期冷害指数（CDD1）需要识别两种冷害情况：一是连续 5 天低于 6℃ 会导致小麦幼苗最后不能成穗；二是某日平均气温较前一天大幅下降，并在接下来的时间里出现日最低气温小于 0℃ 的情况，会导致小麦幼苗有冻死风险，而且该指数要在识别的基础上对冷害、冻害情况进行累计与衡量。

设计 CDD1 如下：

$$CDD1 = \sum_{i=Nov.1}^{Dec.10} \{ sign [\max(A_i + B_i, 0)] \}$$

$$A_i = \prod_{j=i-c}^{i} sign [\max(d - AT_j, 0)] \tag{4-40}$$

$$B_i = - \{ sign \{ \max [(AT_{i-1} - AT_i - e), 0] \} \times \sum_{j=i}^{i+f} \min(MT_j, 0) \}$$

其中，i 为该阶段所考察时期，取 11 月 1 日至 12 月 10 日。A_i 指数识别连续 5 日（从 i 天的前 5 天算起）低于 6℃ 的情况，其中 c 是冷害时间控制域，取 4；d 为冷害控制温度，取 6℃；AT_j 对应第 j 天的平均气温。B_i 函数识别强降温问题，其中 e 是强降温控制温度，取 7℃；f 是降温时间控制域，取 4；AT_i 为第 i 天平均气温，MT_j 为第 j 天的最低气温。

③ 分蘖期日照指数（SUN1）

小麦出苗长出 3 片叶时，胚乳中养分已消耗殆尽，逐渐进入分蘖、发根、长穗阶段，需要大量营养物质，此时只有在充足的光照条件下进行光合作用，制造大量有机养分才能培育壮苗，提高分蘖成穗率，为增产打下基础。基于此，设置分蘖期光照指数 SUN1 如下：

$$SUN1 = \frac{\sum_{i=Nov.1}^{Dec.10} sign [\max(S_i - g, 0)]}{40} \tag{4-41}$$

其中,i 为该阶段所考察时期,取 11 月 1 日至 12 月 10 日。S_i 表示第 i 天的日照时长;g 为光照最低控制时间,取 5;SUN1 最后输出的结果是光照充足的天数与实际天数的比值。

④ 越冬期积温指数(GDD2)

小麦在冬前(本书假设为 12 月 10 日至 2 月 20 日)需要保证日 ≥0℃积温最低 400℃(500℃~800℃为佳),积温不足冬小麦将形成弱苗,假设以 0℃为小麦生物学发育下限温度。基于此,设计越冬期积温指数 GDD2 如下:

$$GDD2 = \frac{\sum_{i=Dec.10}^{Feb.20}(AT_i - h)}{\overline{T}_2} \tag{4-42}$$

其中,i 为该阶段所考察时期,取 12 月 10 日至 2 月 20 日。AT_i 为 i 日的平均气温;h 为积温最低控制温度,取 0℃;$\overline{T}_2$ 为最低积温总需量,取 400。

⑤ 越冬期冻害指数(CDD2)

随着小麦进入越冬期,黄淮地区种植区内气温也会逐步下降,考虑到入冬前后黄淮地区可能出现剧烈强降温以及冬末春初时的强烈融冻、倒春寒等,都易造成冻害。因此设置越冬期冻害指数以识别突然的强降温天气。具体设计如下:

$$CDD2 = \sum_{i=Dec.10}^{Feb.20}\left\{sign\{\max[(AT_{i-1} - AT_i - k),\ 0]\} \times \sum_{j=i}^{i+l}\min(MT_j,\ 0)\right\} \tag{4-43}$$

其中,i 为该阶段所考察时期,取 12 月 10 日至 2 月 20 日;AT_i 为 i 日的平均气温;k 为强降温控制温度,取 7℃;l 是降温时间控制域,取 4;MT_j 为第 j 天的最低气温。

⑥ 返青期积温指数(GDD3)

与上文计算类似,返青期(2 月 20 日至 3 月 20 日)需要保证积温为 200℃左右,对应设置返青期积温指数(GDD3)如下:

$$GDD3 = \frac{\sum_{i=Feb.20}^{Mar.20}(AT_i - m)}{\overline{T}_3} \tag{4-44}$$

其中，i 为该阶段所考察时期，取 2 月 20 日至 3 月 20 日；AT_i 为 i 日的平均气温；m 为积温最低控制温度，取 0℃；$\overline{T}_3$ 为最低积温总需量，取 200。

⑦ 返青期晚霜冻指数（CDD3）

返青期时，冬性弱的品种分蘖节处于最低气温−3℃时易出现冬小麦局部或整株受冻，这种冻害影响被称为晚霜冻。基于此，设计返青期晚霜冻指数如下：

$$CDD3 = \frac{\sum_{i=Feb.20}^{Mar.20} sign\{\max[(p - AT_i),\ 0]\}}{28} \tag{4-45}$$

其中，i 为该阶段所考察时期，取 2 月 20 日至 3 月 20 日；AT_i 为 i 日的平均气温；p 为晚霜冻温度，取−3℃；累计计算晚霜冻灾害严重程度。

⑧抽穗开花—乳熟期高温指数（HDD2）

抽穗开花—乳熟期（灌浆期）是小麦生长所需温度最高的时期。通常条件下，小麦抽穗后 2~3 天就开始开花，当日最高气温高于 30℃容易引发干热风灾害影响处于乳熟灌浆期（5 月 1 日至 5 月 31 日）内小麦的生长发育，假设以最高气温 30℃为触发阈值，设计指数如下：

$$HDD2 = \frac{\sum_{i=May.1}^{May.31} sign[\max(MaxT_i - s,\ 0)]}{31} \tag{4-46}$$

其中，i 为该阶段所考察时期，取 5 月 1 日至 5 月 31 日；$MaxA_i$ 为第 i 日的最高气温，s 为高温控制温度，取 30℃。

⑨ 乳熟—成熟期降雨指数（RI2）

连阴雨（农作物生长季中连续多日阴雨天气过程）容易引起小麦在乳熟—成熟期（5 月 1 日至 6 月 20 日）出现湿害、发芽以及霉变。同时，还需注意短时强降雨等强对流天气对成熟期小麦的影响。因此，乳熟—成熟期降雨指数 RI2 需要识别两种阴雨情况：一是连续 3 天出现降雨，且最终累计降雨量超过 20mm；二是某日突然出现的短时强降雨等强对流天气（日降水量大于 30mm），会导致小麦发生洪涝从而减产。并且该指数要在识别的基础上对阴雨情况进行累计与衡量，故设置乳熟—成熟期降雨指数如下：

$$RI2 = \sum_{i=May.1}^{Jun.20} \{sign[\max(C_i + D_i, 0)]\}$$

$$C_i = \prod_{j=i-t}^{i} \{sign[\max(P_j - u, 0)]\} \times sign\{\max[(\sum_{j=i-t}^{i} P_j - v), 0]\}$$

$$D_i = sign\{\max[(P_i - w), 0]\}$$

$$(4-47)$$

其中，i 为该阶段所考察时期，取 5 月 1 日至 6 月 20 日；C_i 指数识别连续 3 日（从 i 天的前 2 天算起）出现降雨的情况，其中 t 是连阴雨时间控制域，取 2；u 为连阴雨控制降水量，取 1mm；v 为连阴雨累计控制降水量，取 20mm；P_j 对应第 j 天的降水量；D_i 函数识别强对流问题，其中 w 是强降雨控制降水量，取 30mm；P_i 对应第 i 天的降水量。

（三）基差风险管理效果分析与对比

利用 49 个区县逐日气象数据计算出 9 个天气指数，其数据特征如图 4-10 所示，"越冬期冻害指数"异常值较多，结合冬小麦的生长特性，其在实践中受到强烈融冻、倒春寒等天气因素影响较为普遍且不稳定，故此处极端数值具有一定的合理性，不予以处理。后考虑天气指数之间的量纲问题，对"返青期晚霜冻指数"和"乳熟—成熟期降雨指数"进行标准化。

结合上文基础，将制定的天气指数与月度天气数据作为模型的输入变量，分离出的气象产量作为模型的输出变量，通过比较模型的 RMSE 来衡量基差风险的降低程度。

1. 天气数据和天气指数对比

采用经典线性、随机森林、支持向量机、决策树以及 LSTM 模型对样本数据进行拟合，其中 LSTM 模型是一种特殊的循环神经网络（RNN），与传统RNN 相比，LSTM 能够更好地捕捉长时间依赖关系，克服梯度消失的问题。而采用 LSTM 模型进行训练时，超参数（如学习率、批量大小、隐藏层单元数等）对模型性能影响巨大，故这里结合粒子群优化算法（PSO）来进行参数选择，进而提高 LSTM 的预测精度。随机森林、支持向量机和决策树则属于传

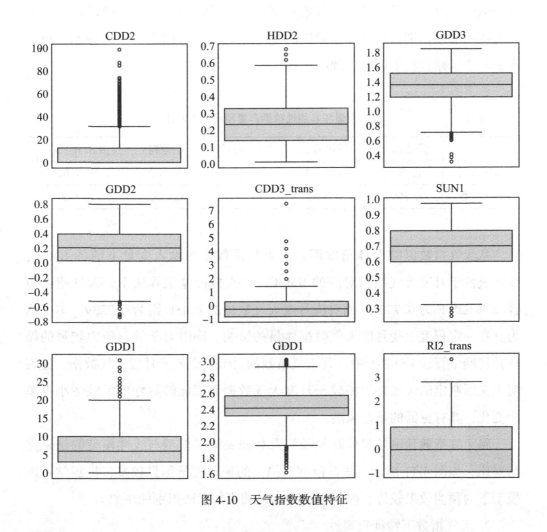

图 4-10 天气指数数值特征

统机器学习模型，相较于经典线性模型而言，具有较强的高维数据处理能力，能够更好地捕捉到天气因素与农作物产量之间的关系。

利用上述模型训练的结果如表 4-4 所示，首先从机器学习和深度学习的角度而言，非线性模型的 RMSE 要普遍低于经典线性模型的 RMSE，反映出机器学习算法能更好拟合天气因素和农作物产量之间的关系，进而有效降低基差风险。在实践中，较大的基差风险会降低农户对保险的需求，而机器学习等方法通过捕捉高维数据关系特征，提升产量预测的准确度，具有更低的基差风险。另一方面，针对天气指数保险，机器学习方法不仅可以在保险设计上提供前期识别，也可以在索赔时基于实时天气数据进行动态预测，进而有效减少索赔过程中可能出现的误差。

表 4-4 　　　　　　　　　　线性模型和非线性模型产量预测效果对比

	线性模型	随机森林	支持向量机	决策树	LSTM-PSO
天气数据	0.7801	0.5900	0.7239	0.7653	0.7262
天气指数	0.7660	0.5453	0.7730	0.7152	0.7259

从天气指数保险设计角度而言，天气指数作为输入变量下的各 RMSE，要普遍低于月度天气数据对应的 RMSE，仅支持向量机算法下，天气指数拟合效果 RMSE 为 0.7730，而对应月度天气数据的 RMSE 则为 0.7239，本书认为其在一定程度上受月度天气数据体量的影响。同时对于学习能力较强的循环神经网络算法 LSTM-PSO，其天气指数的 RMSE 也低于月度天气数据，这表明上文所制定的天气指数相较于月度天气数据而言能够更好地反映冬小麦单产变化，具有更低的基差风险。

将天气指数预测效果较好的随机森林和决策树模型与线性模型的结果进行对比，如图 4-11 所示，线性模型下损失的输入变量信息较多，机器学习树模型下的预测效果较好，但仍存在一些极端值处无法识别的现象。

2. 天气指数下特征重要性

为了进一步增强天气指数保险合约的可解释性，采用 SHAP 模型，对上文预测效果最优的随机森林模型中特征的重要性进行排序和解释，详细结果见图 4-12。

上文所设计的大部分指数对冬小麦产量影响重要性均超过 0.05，播种期积温指数（GDD1）等 3 个指数的特征重要性甚至超过 0.08。与前文特征重要性提取结果对比，说明了指数与冬小麦产量的高度相关性，也再次证明了天气指数优于原始月度天气数据。

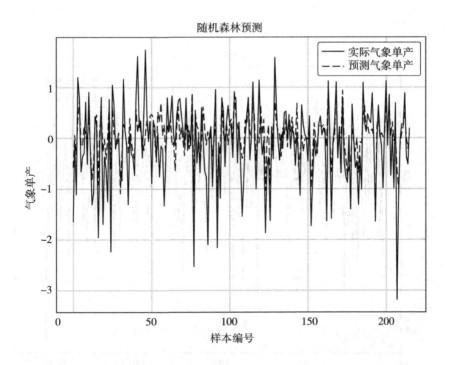

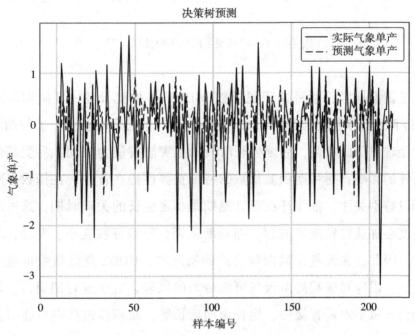

图 4-11　不同模型预测结果对比图(一)

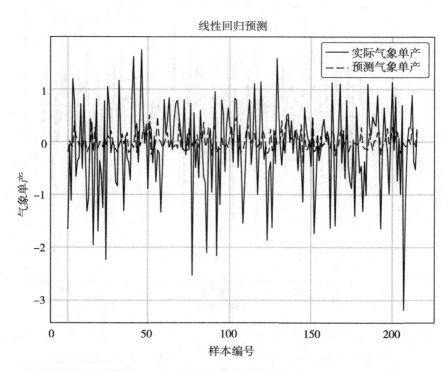

图 4-11 不同模型预测结果对比图(二)

对于黄淮地区,播种期积温指数(GDD1)、抽穗开花—乳熟期高温指数(HDD2)和返青期积温指数(GDD3)对冬小麦产量的影响较大。播种期若积温不足,会难以形成壮苗,后续生长阶段的抗灾防害能力较弱,易受其他不利气象条件的影响;播种期积温指数的特征重要性排在首位,在指数保险设计中应予以特别关注。抽穗开花至乳熟期是小麦生长的关键时期,这一时期过高的温度会加速籽粒灌浆进程,缩短灌浆期,导致籽粒变小、变轻,最终降低产量。因此,在天气指数保险合约的制定中,HDD2 高温指数也应当加以重点关注,以应对极端高温天气可能带来的风险。对于返青期而言,积温不足可能会导致小麦返青缓慢,生长周期延长等,而积温过高则可能引发早熟现象,进而影响籽粒的灌浆质量。其余天气指数也均在一定程度上影响着冬小麦的产量,尤其是在关键生长期,积温不足和低温冷害对小麦的产量损害

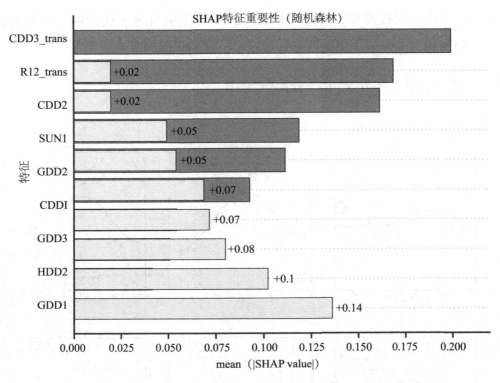

图 4-12 黄淮区域不同天气指数的重要性排序

非常显著。

总的来说，可以在设计天气指数保险合同时，重点关注播种期积温指数、抽穗开花—乳熟期高温指数和返青期积温指数等对冬小麦产量影响较大的指数，从而在保证天气指数保险有效性的同时尽可能减少指数的复杂度和可解释性，以刺激农户需求并合理保障农户利益。

在天气指数保险的设计中，降低基差风险是核心目标之一。上述实例通过分析天气因素与冬小麦单产量之间的关系，提取了对产量影响显著的关键天气因素，并结合黄淮地区半冬性冬小麦的生长特性，设计了一套分阶段的天气指数体系。该体系涵盖了积温、日照等有利生长条件，以及连阴雨、高温、低温冷害等致灾因子。通过有效性检验，证明了该指数体系在降低基差风险方面的优越性。此外，上文还表明，机器学习算法在农作物产量预测中显著优于传统线性模型。通过随机森林、支持向量机等非线性模型的拟合，模型预测值与实际值之间的残差显著减小，基差风险得到有效控制。

四、附录：冬小麦单产分离气象图

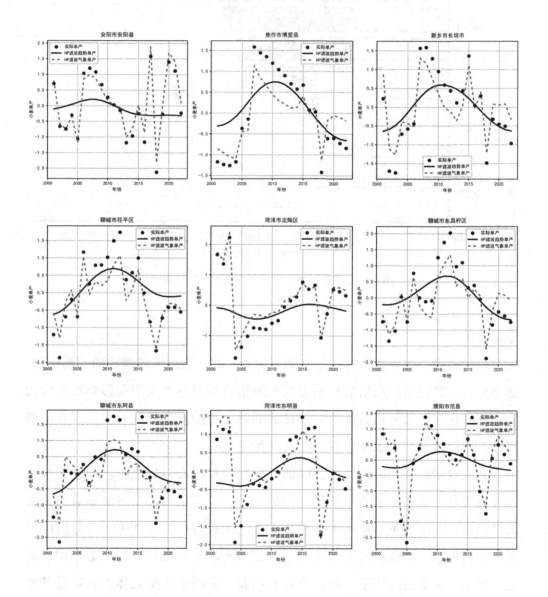

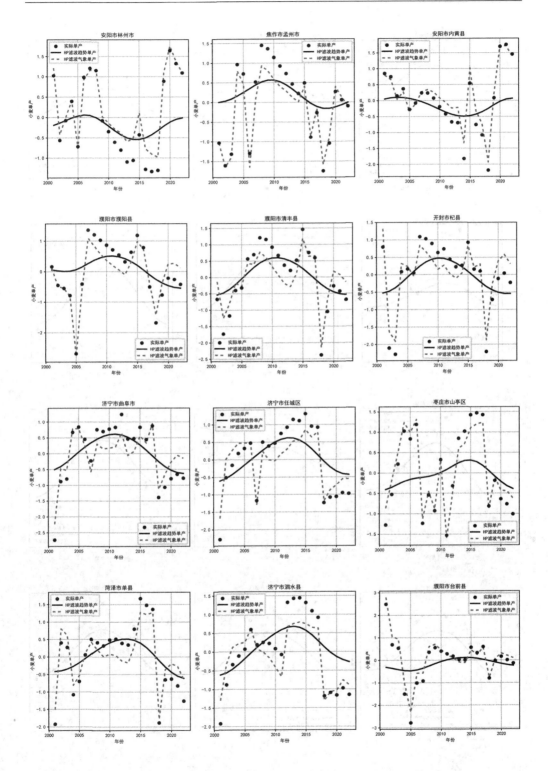

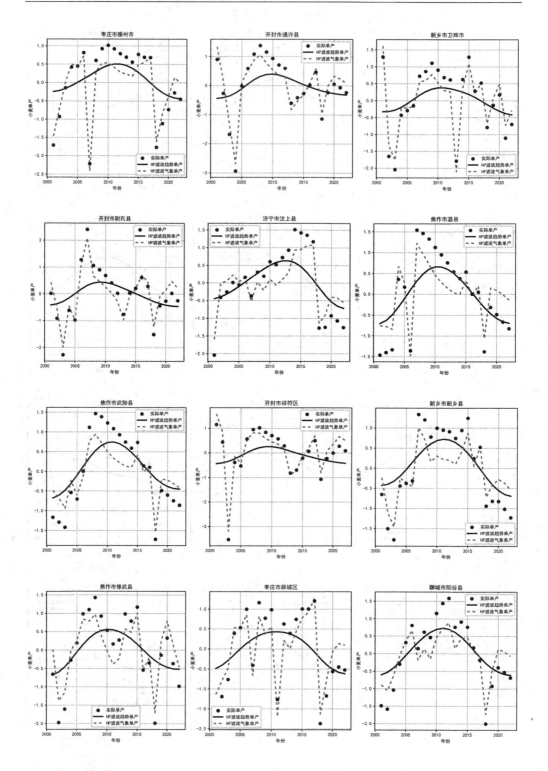

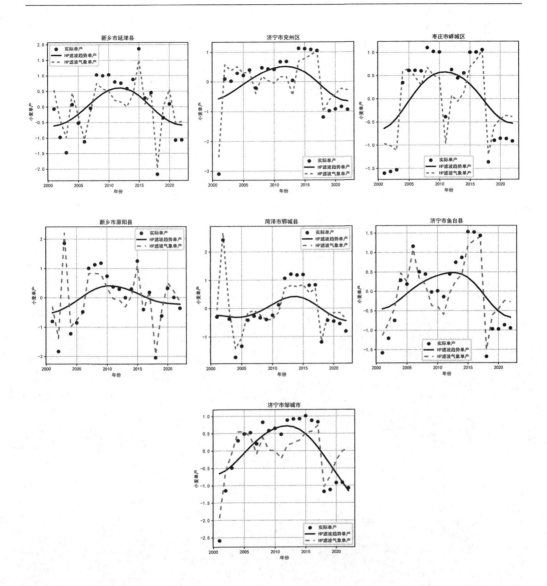

第五章　农业天气指数保险系统性风险管理

第一节　系统性风险

一、系统性风险相关概念

(一)系统性风险的定义

系统性风险是一个复杂且多维度的概念,其在金融和保险领域具有重要的意义和影响。系统性风险,通常指的是影响整个系统的风险,而不仅仅局限于某一个个体或部分。它通常来源于整个系统内部的连锁反应或外部的广泛冲击,这种风险的出现可能导致整个系统的崩溃或重大功能障碍。在经济学中,系统性风险经常与"大到不能倒"(too big to fail)的概念联系在一起,指出当一个重要的经济实体失败时,可能会对整个经济系统造成毁灭性的影响。在金融领域,系统性风险通常体现为金融市场的不稳定和金融机构的相互依赖。保险领域的系统性风险则体现在其对广泛的风险事件的敏感性。例如,自然灾害、大规模的健康危机(如全球大流行病)或经济危机等,都可能导致大量的保险索赔,对保险公司的财务稳定性构成威胁。与金融领域的系统性风险类似,保险领域的系统性风险也可能因为行业内部的相互依赖和连锁效应而被放大。保险公司在对风险进行转移和分散时,如果忽视了潜在的系统性风险,可能会导致整个保险市场的不稳定。

在保险系统中,系统性风险不仅指承保和精算业务中的风险,也不仅指利率、汇率等市场因素变动带来的投资风险。它涉及特定系统内的复杂、突发且影响广泛的全面性风险。谢志刚(2016)提出,应从动态和连续的角度审视系统性风险,这种风险在时间上呈长期性,在空间上影响范围广泛。研究系统性风险时,不应只关注由风险事件引发的直接结果,而需全方位分析风险的根源、传播途径、驱动因素及其影响。粟芳(2022)指出,在保险系统内,随着保险公司投资规模的扩大，保险资金投资风险也可能导致系统性风险的增加。

以上系统性风险的定义是基于金融领域与商业保险行业而得到的。由于农业保险自身的特殊性以及天气风险的不确定性等，因此对于农业保险的系统性风险，我们需要重点关注可能造成很大区域内所有农业生产者同时遭受损失，进而使得保险公司可能陷入偿付能力不足甚至破产境地，并且严重影响农业保险经营可持续性的风险。肖宇谷等（2022）认为我国农业保险快速发展，保额不断提高，行业的承保风险也在快速积聚，传统产量保险与成本保险的系统性风险也在逐渐增大。关于天气指数保险的系统性风险，张译元等（2020）等认为不同程度的天气灾害风险的影响也不同，极端天气灾害风险极易造成天气指数保险的系统性风险。

基于这些学者的研究，本书对天气指数保险系统性风险的定义为：天气风险发生致使多个承保区域内的农业生产者同时遭受损失，从而导致（再）保险公司需要支付大量保险赔款，使得（再）保险公司的破产概率迅速增加。

（二）系统性风险的特征

如何正确理解天气指数保险的系统性风险？基于本书给出的定义，系统性风险的来源主要为天气风险。因此，系统性风险的特点也与天气风险的特点息息相关。首先，天气风险具有显著的空间相关性，即某一天气事件（如干旱、洪水、暴风雨）可能同时影响多个地理区域。这种相关性意味着，当一次大规模天气事件发生时，它可能不仅影响一个单独的农业生产区域，而且影响一系列相邻或地理上相关的区域。其次，天气的复杂性和不确定性仍然很高。加之气候变化的影响，极端天气事件的频率和强度都在变化，这增加了预测的难度和风险管理的复杂性。最后，从长远来看，天气风险不仅影响农业生产，还可能对整个食品供应链、地区经济甚至全球市场产生影响。例如，一个主要的粮食生产区域遭受严重干旱可能会导致全球粮食价格上涨。

因此，基于天气风险、农业风险与农业保险的特点，天气指数保险系统性风险的特征如下。

第一，负外部性。系统性风险的负外部性是其最显著的特点之一。在经济学中，外部性分为正向和负向两种。正向外部性指的是某个经济活动可能为社会其他成员带来好处，但活动主体自身并不能获得相应的补偿。相对地，负向外部性则是指某个经济活动对他人产生危害，但活动主体不需要为此支付相应的赔偿费用。在天气指数保险中，负向外部性主要体现在某种或多种天气灾害风险发生时，引发对农业生产的大量损害，并触发大量保险合约赔付。这种系统相关的风险为农业生产和保险公司经营带来了大量的外部性积累。

第二，相关性。天气灾害往往具有区域性的连锁反应。一个地区的极端天气事件可能引起相邻地区的天气变化，导致多个地区同时面临类似的风险。天气指数保险的系统性风险与天气风险息息相关，因此天气指数保险系统性风险也具有相关性的特征。正是由于相关性，使得天气指数保险系统风险在发生后也具有扩散性，因为灾害是在多区域发生的，使大多数农户遭受损失。

第三，不可预测性。天气风险的一个核心特征是其高度的不可预测性。尽管现代气象科学已经取得了显著的进步，但对于特定天气事件的精确预测仍然具有挑战性，尤其是在长期预测方面。这种不可预测性源于天气系统的复杂性和混沌特性，使得天气风险具有高度的随机性。因此，天气指数保险系统性风险的特征也呈现出难以预测、难以捕捉的性质。

第四，强扩散性。天气指数保险系统性风险的影响会扩散至多个社会经济领域，包括农业、交通、能源、保险等。极端天气事件不仅直接造成物理损害，还可能导致供应链中断、能源短缺、保险索赔激增等一系列连锁反应。以农业生产为例，系统性风险往往会在短时间内造成大量的农业损失，同时也会产生一系列关联影响，例如对保险索赔、社会稳定、经济发展的影响等。

二、系统性风险相关理论分析

(一)空间相关性的度量理论

已有多位学者通过 copula 函数来度量不同区域之间天气风险的空间相依

性。本书在以往相关研究的基础上，选择分层阿基米德copula度量承保区域之间天气风险的空间相依性。分层阿基米德copula函数在金融经济上已有较多应用(胡祥、张连增，2014；严伟祥、徐玉华，2017)。

在介绍分层阿基米德copula之前，本书先给出阿基米德copula的定义：若存在连续、非增函数 φ：$[0, \infty] \to [0, 1]$ 满足 $\varphi(0) = 1$，$\varphi(\infty) = \lim_{t \to \infty} = \lim_{t \to \infty} \varphi(t) = 0$，在区间 $[0, \inf\{t: \varphi(t) = 0\}]$ 上严格递减，则称函数 φ 为阿基米德生成元(Archimedean Generator)，Ψ 表示由所有生成元组成的集合。

生成元 φ 在 $[a, b]$ 上是完全单调的，如果对任意的 $t \in (a, b)$，φ 有 $(-1)^k \varphi^{(k)}(t) \geq 0$，$k \in N_0$ 成立，Ψ_∞ 表示由所有完全单调生成元组成的集合。

定义 n 维 Copula C 为 AC，那么 C 可以表示为：

$$C(u_1, u_2, \cdots, u_n) = \varphi(\varphi^{-1}(u_1) + \cdots \varphi^{-1}(u_n)), \quad (u_1, u_2, \cdots, u_n)' \in [0, 1]^n \tag{5-1}$$

其中，$\varphi \in \Psi$，φ 的逆函数 φ^{-1}：$[0, 1] \to [0, \infty]$ 满足 $\varphi^{-1}(s) = \inf\{t: \varphi(t) = s\}$，$s \in [0, 1]$。$\varphi$ 生成一个 n 维($n \geq 2$)AC 当且仅当 φ 在 $[0, \infty]$ 上具有 n 维单调性。

AC 的上尾与下尾相依系数分别为：

$$\lambda_U(\varphi) = 2 - \lim_{t \uparrow 1} \frac{1 - C(t, t)}{1 - t} = 2 - \lim_{t \uparrow 1} \frac{1 - \varphi^{-1}(2\varphi(t))}{1 - t} = 2 - \lim_{s \downarrow 0} \frac{1 - \varphi^{-1}(2s)}{1 - \varphi^{-1}(s)} \tag{5-2}$$

$$\lambda_L(\varphi) = \lim_{t \downarrow 0} \frac{C(t, t)}{t} = \lim_{t \downarrow 0} \frac{\varphi^{-1}(2\varphi(t))}{t} = \lim_{s \to \infty} \frac{\varphi^{-1}(2s)}{\varphi^{-1}(s)} \tag{5-3}$$

其中，$t = \varphi^{-1}(s)$。AC 函数包括 Gumbel Copula、Clayton Copula 和 Frank Copula 等。

(1) Gumbel Copula

Gumbel Copula 函数的定义为：

$$C(u_1, u_2, \cdots, u_n; \theta) = \exp\left\{ - \left[\sum_{k=1}^n (-\ln u_k)^{\frac{1}{\theta}} \right]^\theta \right\} \tag{5-4}$$

其中，$\theta \in (0,1]$ 为相关参数，$\varphi(u;\theta) = (-\ln u_k)^{\frac{1}{\theta}}$ 为生成元函数。若 $\theta=1$，则 $u_1, u_2, \cdots, u_n$ 相互独立，即 Gumbel Copula 为独立 Copula：$C(u_1, u_2, \cdots, u_n; 1) = \prod_{k=1}^n u_k$；若 $\theta \to 0$，则 $u_1, u_2, \cdots, u_n$ 趋于同单调。Gumbel Copula 的上、下尾相依系数分别为：

$$\lambda_U(\theta) = 2 - \lim_{t \uparrow 1} \frac{1-t^{2\theta}}{1-t} = 2 - \lim_{t \uparrow 1} \frac{-2^\theta t^{2^\theta-1}}{-1} = 2 - 2^\theta \tag{5-5}$$

$$\lambda_L(\theta) = \lim_{t \downarrow 0} \frac{t^{2^\theta}}{t} = \lim_{t \downarrow 0} 2^\theta t^{2^\theta-1} = 0 \tag{5-6}$$

GumbelCopula 函数的尾部相关性呈现出非对称性，是一种上尾相依 AC。相较于变量的下尾相关性的渐进独立，Gumbel Copula 函数能够有效捕捉其上尾相关性关系的变化。

（2）Clayton Copula

Clayton Copula 函数的定义为：

$$C(u_1, u_2, \cdots, u_n; \theta) = \left(\sum_{k=1}^n u_k^{-\theta} - n + 1\right)^{-\frac{1}{\theta}} \tag{5-7}$$

其中，$\theta \in (0,\infty)$ 为相关参数，$\varphi(u;\theta) = \theta^{-1}(u^{-\theta}-1)$ 为生成元函数。若 $\theta \to 0$，则 $u_1, u_2, \cdots, u_n$ 趋于相互独立，即有 $\lim_{\theta \to 0} C(u_1, u_2, \cdots, u_n; \theta) = \prod_{k=1}^n u_k$；若 $\theta \to \infty$，则 $u_1, u_2, \cdots, u_n$ 趋于同单调。上、下尾相依系数分别为：

$$\lambda_U(\theta) = 2 - \lim_{t \uparrow 1} \frac{1-(2t^{-\theta}-1)^{-1/\theta}}{1-t} = 2 - \lim_{t \uparrow 1}\left[2t^{-\theta-1}(2t^{-\theta}-1)^{-1/\theta}\right] = 0 \tag{5-8}$$

$$\lambda_L(\theta) = \lim_{t \downarrow 0} \frac{(2t^{-\theta}-1)^{-1/\theta}}{t} = \lim_{t \downarrow 0}(2-t^\theta)^{-1/\theta} = 2^{-1/\theta} \tag{5-9}$$

ClaytonCopula 函数的尾部相关性呈现出非对称性，是一种下尾相依 AC。相较于变量的上尾相关性的渐进独立，Clayton Copula 函数能够有效捕捉其上尾相关性关系的变化。

（3）Frank Copula

Frank Copula 函数的定义为：

$$C(u_1,\ u_2,\ \cdots,\ u_n;\ \theta) = -\frac{1}{\theta}\ln\left(1 + \frac{\prod\limits_{k=1}^{n}(e^{-\theta u_k - 1})}{(e^{-\theta} - 1)^{n-1}}\right) \tag{5-10}$$

其中，$\theta \in (0,\ \infty)$ 为相关参数，$\theta \neq 0$，$n \geqslant 3$。若 $\theta \to 0$，则 $u_1,\ u_2,\ \cdots,\ u_n$ 趋于相互独立；若 $\theta \to \infty$，则 $u_1,\ u_2,\ \cdots,\ u_n$ 趋于同单调。其上、下尾相依系数分别为：

$$\begin{aligned}
\lambda_U(\theta) &= 2 - \lim_{t \uparrow 1} \frac{1 + \frac{1}{\theta}\log\left[1 + \frac{(e^{-\theta t} - 1)^2}{e^{-\theta} - 1}\right]}{1 - t} \\
&= 2 - \lim_{t \uparrow 1} \frac{2e^{-\theta t}(e^{-\theta t} - 1)}{(e^{-\theta} - 1) + (e^{-\theta t} - 1)^2} \\
&= 2 - 2 = 0
\end{aligned} \tag{5-11}$$

$$\lambda_L(\theta) = \lim_{t \downarrow 0} \frac{-\frac{1}{\theta}\log\left[1 + \frac{(e^{-\theta t} - 1)^2}{e^{-\theta} - 1}\right]}{t} = \lim_{t \downarrow 0} \frac{2e^{-\theta t}(e^{-\theta t} - 1)}{(e^{-\theta} - 1) + (e^{-\theta t} - 1)^2} = 0 \tag{5-12}$$

Frank Copula 函数的尾部相关性呈现出对称性，但其尾部呈渐进独立关系。因此，Frank Copula 不能对具有尾部相关性特征的指标数据进行刻画。

对于 n 维 AC 的所有 k 维（$k < n$）边缘 copula 都有相同的边缘分布，变量之间满足可交换性，这使得 AC 在实际应用中具有较多限制，在高维分析中容易陷入"高维陷阱"。阿基米德 copula 虽然提供了一种简单的方法来估计和模拟高维结构，但是由于大多数阿基米德 copula 呈现了一个完整的相依结构，并且只有一个 copula 参数，这对于现实存在的情况是不合理的，由此许多学者提出了分层阿基米德 copula（Hierarchical Archimedean Copula，HAC）结构。HAC 是由阿基米德 copula 推广到非可交换的函数，变量间的相关性可以不完全相同，因而可以对各变量进行嵌套建模。HAC 按照层次顺序来表示多元相依结构，从简单的二维可交换阿基米德 copula 开始，经过层层聚合得到高维 copula 结构。HAC 函数有两个子类函数，分别为全嵌套阿基米德 copula 函数

（FNAC）与部分嵌套阿基米德 copula 函数（PNAC），它们与 AC 结构的不同见图 5-1。例如，一个 n 维的 FNAC 结构可以表示为：

$$C(u_1, \cdots, u_n) = \phi_{n-1}(\phi_{n-1}^{-1} \circ \{\phi_{n-2}[\cdots(\phi_2^{-1} \circ \phi_1[\phi_1^{-1}(u_1) + \phi_1^{-1}(u_2)]$$
$$+ \phi_2^{-1}(u_3)) + \cdots + \phi_{n-2}^{-1}(u_{n-1})]\} + \phi_{n-1}^{-1}(u_n)) \qquad (5\text{-}13)$$

其中，$\circ$ 表示聚合函数，$\phi_1, \cdots, \phi_k \in \Omega$，$\phi_{k-i}^{-1} \circ \phi_{k-j} \in \Omega^*$，$i < j$，$i, j = 1, \cdots, k$。与 Ω 的定义类似，函数类 Ω^* 的定义为

$$\Omega^* = \{\omega: [0, \infty) \to [0, 1] | \omega(0) = 0, \omega(\infty) = \infty,$$
$$(-1)^j \omega^{(j)} \geq 0, j = 1, 2, \cdots\} \qquad (5\text{-}14)$$

HAC 通过逐层递进的方式来拟合随机变量之间的相依结构，与 AC 相比可以刻画更一般的相依结构。理论上对于 n 维 HAC 结构的选择，可能有 $2^n - k - 1$ 种结构，这个筛选过程将会很复杂，并且如果将不同的 copula 生成元合并到一个 HAC 结构中将很难满足完全单调性的条件。因此，本书中的 HAC 结构都使用相同的 copula 生成元函数。为了增加模型的灵活性，本书将混合使用 PNAC 与 FNAC 结构。

基于分层阿基米德 copula 函数的优良性质，为度量本书所选研究区域的天气风险的空间相关性，本书使用分层阿基米德 copula 函数下的混合嵌套结构。

（二）天气指数保险系统性风险的测度理论

从上文对天气指数保险系统性风险的定义、特征的阐述来看，天气指数保险系统性风险是产生于天气风险，具有高度相关性、区域性等特征。因此，系统性风险的测度是基于天气指数保险合约的天气风险的衡量与其空间相关性的度量而得到的。天气指数保险合约系统性风险与天气风险息息相关。

在探讨天气指数保险合约的风险管理和业务发展策略时，通常将特定的地理区域（如县级行政区划）作为评估和承保的基本单位。在这种框架下，（再）保险公司采用了一种策略，通过空间聚合即扩大其承保区域的范围来实现其业务的扩展和风险的分散化。这种方法基于一个核心原则：通过覆盖更广泛的地理区域，可以平衡和分散由特定地区的极端天气事件引起的风险。

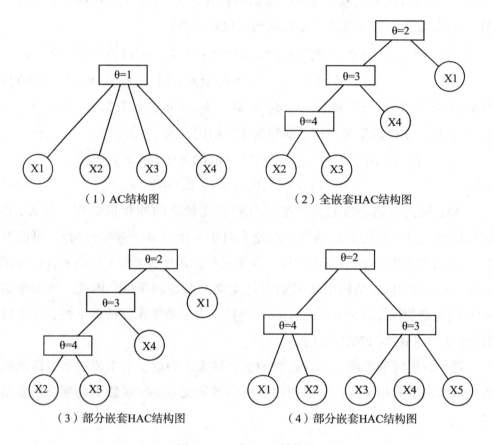

（1）AC结构图 （2）全嵌套HAC结构图

（3）部分嵌套HAC结构图 （4）部分嵌套HAC结构图

图 5-1 AC 与 HAC 结构图

然而，随着承保区域规模的持续扩大，保险公司面临的总体赔付责任也相应增加。导致这种增加主要是因为，尽管风险在更大的区域内被分散，但更大范围内可能同时发生的多个天气事件也增加了累积赔付的可能性。特别是在面对极端天气事件时，如大范围的干旱、洪水或风暴，这种累积效应尤为显著，可能导致大量的赔付请求。

随着空间聚合的等级不断增加，承保区域也不断扩大，这使得系统性风险发生的概率也不断增加。系统性风险指的是整个保险系统由于累积的大规模赔付而面临的财务压力和稳定性威胁。这种风险的存在，对保险公司的经营发展有着诸多潜在的危险。尽管扩大承保区域可以在一定程度上实现风险分散，但同时也需要精细化的风险评估和资本管理策略，以确保公司在面对潜在的大规模赔付事件时能够保持稳健的财务状况。因此，本书通过保险合约的承保最低资本来对天气指数保险合约系统性风险进行测度。

为评估天气指数保险合约的系统性风险，本书运用 BF(Buffer Fund) 衡量（再）保险公司在每一单位承保单元上为避免破产而必须持有的最低资本（Wang 等，2003；Okhrin 等，2013）。

以第 k 个承保区域为例，首先，基于天气指数保险合约计算该承保区域的每年单位承保单元的保险合约赔偿金 L_k；其次，将保费收入 π_k 表示为该区域每年保险合约赔偿金的赔偿值，即 $\pi_k = E[L_k]$，$k = 1, 2, \cdots, t$；最后，可以计算出每个承保区域的单位承保单元的最低资本为：

$$BF_h = \inf\{l \in \mathbb{R} : P((L_k - \pi_k) \geqslant l) = 1 - \alpha\} \tag{5-15}$$

式(5-15)计算了每个承保区域内单位承保单元的最低资本，该式用来度量天气指数保险合约在每个承保区域的系统性风险。BF_h 的值越高表明第 k 个承保区域的系统性风险也越大。

(三) 空间分散效应的测度理论

前文中使用 BF(Buffer Fund) 衡量（再）保险公司在单位承保单元上为避免破产而必须持有的最低资本，以此来评估天气指数保险合约的系统性风险。基于以往学者研究，采用扩大承保区域即空间聚合的方法。对所选承保区域进行空间聚合后，通过空间分散效应来衡量系统性风险的分散程度。

假设天气指数保险合约保单组合承保 n 个区域；每个区域的承保单元数为 ω_k；记 λ_k 为空间聚合过程中第 k 个区域的权重；记 L_k 为天气指数保险合约在第 k 个区域内单位承保单元的合约赔偿金，π_k 表示相应的保费收入且 $\pi_k = E[L_k]$，$k = 1, 2, \cdots, n$，令

$$BF_n = \inf\left\{l \in \mathbb{R} : P\left(\sum_{k=1}^{n} \lambda_k \cdot (L_k - \pi_k) \geqslant l\right) = 1 - \alpha\right\} \tag{5-16}$$

其中，$1 - \alpha$ 为破产概率，$\lambda_k = \omega_k/\omega_A$，$\omega_A = \sum_{k=1}^{n} \omega_k$。

式(5-16)度量早稻天气指数保险合约同时承保 n 个区域，当 n 个区域空

间聚合后，每一单位承保单元所需的最低资本即为聚合最低资本。鉴于保险合约赔偿金 L_k 由不同的天气指数所决定，而不同区域的天气风险存在空间相关性，因此 L_k 之间的空间相关性是影响 BF_n 的重要因素。

定义空间聚合的分散效应（Dispersion Effect，DE）为：

$$DE = \frac{BF_n}{\sum_{k=1}^{n} \lambda_k \cdot BF_{k-th}} \qquad (5-17)$$

式(5-17)衡量不同天气指数保险合约的空间分散效应，其中 BF_{k-th} 表示天气指数保险合约单独承保第 k 个区域后，单位承保单元所需的最低资本，进而 $\sum_{k=1}^{n} \lambda_k \cdot BF_{k-th}$ 表示加权平均后，单位承保单元所需的最低资本，即加权最低资本。

第二节　系统性风险与其空间分散效应的度量

本节在第一节的基础上介绍天气指数保险系统性风险现实研究的研究区域、天气指数保险合约的设定、各区域之间天气风险的相关性测度结果等。

一、数据来源和研究区域

为进一步研究天气指数保险系统性风险，本书选取了双季稻中的早稻作为研究对象，并从早稻主产区选择了部分代表性县市作为研究区域。

（一）数据来源

天气数据来源于 Wheat 农业气象大数据系统，包括所选县市 1965 年至 2022 年的降水量、平均气温以及最高温度的日观测数据。地区早稻种植面积和早稻产量的数据来源为所选省份的 2023 年统计年鉴，以及部分地市 2023 年统计年鉴和统计公报。

（二）研究区域

1. 早稻作物概述

　　早稻是我国双季稻种植体系中的重要组成部分。截至2023年8月，根据国家统计局关于早稻产量数据的公告显示，2023年早稻全国播种面积为4733.1千公顷（7099.7万亩），比2022年减少21.9千公顷（32.9万亩），下降了0.5%；全国早稻总产量为2833.7万吨（566.7亿斤），比2022年增加21.5万吨（4.3亿斤），增长0.8%。各省市地区2023年早稻的种植面积与产量详见图5-2。近年来，我国早稻种植面积在总体上保持稳定，尤其在南方地区如广东、福建、湖南等省。这些地区气候温暖湿润，适合早稻的生长，有利于及时腾出田地进行第二季稻谷或其他作物的种植。此外，早稻能够适应不同的气候和土壤条件，特别是在多雨或水资源丰富的地区。

　　早稻在中国农业生产中占据了极其重要的地位，这不仅源于其作为主要粮食作物的角色，更因为它在保障国家粮食安全、促进农业可持续发展等方面发挥着关键作用。中国作为世界上人口最多的国家，粮食安全始终是国家战略的核心。早稻作为一年中第一次收获的水稻，对于满足国内早期粮食供应具有不可替代的意义。

　　首先，早稻具有早熟性与适应性强等特点。早稻一般在春季播种，夏季收割，生长周期较短。这一时序优势使得早稻能够有效避免夏季高温和台风等极端天气对农作物的影响，从而在一定程度上保证了粮食产量的稳定。同时，早稻的收割也为后续的作物种植，如晚稻或其他作物，提供了时间窗口，有利于实现农田的多轮种植，提高土地利用率，增加农民的收入。

　　其次，早稻对农业生态环境的维护具有重要作用。在水资源管理方面，早稻种植有助于调节水利设施的使用，平衡水资源的分配，尤其在水资源紧张的地区。此外，早稻田对于维护生物多样性也具有积极意义，为许多水生生物提供了栖息地，有助于维持生态平衡。早稻种植还与地方特色农业紧密相连，对于维护和发展地方特色农业文化具有重要意义。不同地区根据当地的气候、土壤条件等种植不同品种的早稻，形成了丰富的地方特色和文化传统。这些传统不仅是农业生产的一部分，也成为吸引游客、促进乡村旅游的一大亮点。

　　最后，随着科技进步和农业现代化的推进，早稻的种植技术也在不断创

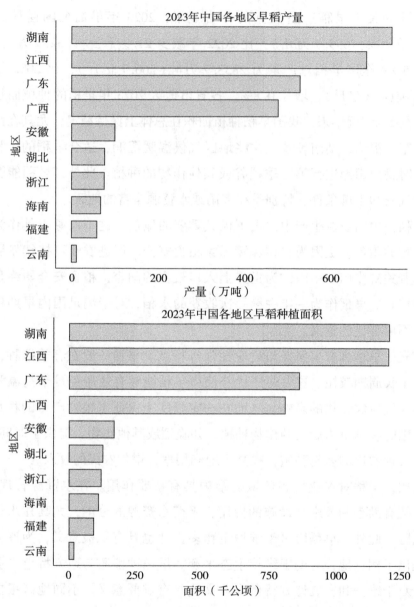

图 5-2　2023 年全国各省市地区早稻产量与种植面积情况

新。从种子培育、田间管理到收割储藏，科技的应用提高了早稻的产量和品质，同时也减少了对环境的影响。通过病虫害防治技术的改进、水肥一体化管理等措施，早稻种植更加环保和高效。

早稻作为中国农业生产的重要组成部分，其发展趋势和产量变化受到政府和学者的高度关注。政策支持、市场需求、气候变化等因素都直接影响着早稻的种植与收益。因此，持续关注并优化早稻种植政策和技术，对于确保中国农业的可持续发展和粮食安全至关重要。早稻的生产对我国的粮食安全至关重要，国家近年来也出台了多项政策助力早稻生产。农业农村部2020年提到拨款支持早稻生产、提高种植早稻的积极性，此外将会继续采取措施确保全国早稻面积的恢复与增加；① 2022年，国家发展和改革委员会发布的相关通知提到要稳住早稻种植面积。②

2. 研究区域概述

为探究早稻天气指数保险合约系统性风险的空间分散效应，基于近年来我国早稻生产情况与种植情况，本书选取湖南、江西、广东、广西、安徽、湖北、浙江、福建八省（自治区）中25个代表性县市作为研究区域。对于区域的选择，主要遵循以下三个原则。

首先，从早稻生产情况来看，所选县市为所属省份内早稻种植面积与产量较高的地区。例如，湖南省与江西省作为早稻种植面积与产量较高的两个省份，从湖南省中选择了宁乡、衡南等七县，从江西省中选择了南昌、新余等四县。早稻种植对这些地区的农业经济发展有着显著的贡献。

其次，从早稻生长特点来看，所选县市天气条件存在一定差异，从而使得天气指数保险的系统性风险存在空间分散的可能。例如，两广区域与湖南、江西区域的天气条件具有一定的差异。广东省的部分地区由于靠近海洋，受海洋性气候影响较大，其早稻生长过程中遭受的天气风险和病虫害发生情况与内陆省份有所区别。广西壮族自治区由于地形多样，不同区域的早稻生长条件也存在差异。而天气条件存在差异正是系统性风险分散的前提之一（Skees, 1999）。

---

① 农业农村部对十三届全国人大三次会议第8170号建议的答复（moa. gov. cn）。

② 关于进一步做好粮食和大豆等重要农产品生产相关工作的通知_国务院部门文件_中国政府网（www. gov. cn）。

最后，从早稻受灾情况来看，所选区域天气灾害事件频发，对早稻的生产造成较大影响。例如，分蘖期低温冷害导致湖南省与江西省的早稻产量损失较高，灌浆期高温热害则导致湖南偏东地区与江西中部的早稻产量损失较高(姚蓬娟等，2016)。浙江和福建两省由于山地、丘陵地形较多，早稻种植具有其独特性。这些地区的早稻种植不仅需要考虑地形因素，还需注意气候条件对早稻生长的影响。高温热害灾害对安徽省沿江、江淮地区以及浙江浙南山区等地区的早稻生产影响较为严重(杨太明等，2013)。

综上所述，所选区域的早稻种植不仅对当地的农业生产和农民生活有重要影响，同时也是天气指数保险合约系统性风险研究的关键。通过深入分析这些地区的早稻种植情况，可以更好地理解天气指数保险的作用机制和风险管理策略，为制定更加有效的农业保险政策提供科学依据。同时，这也有助于提高早稻种植的可持续性，促进农业生产的稳定和发展，为保障国家粮食安全作出贡献。

二、早稻天气指数保险合约的设定

(一)早稻天气指数保险合约

天气指数的设定在天气指数保险合约中扮演着至关重要的角色。这种保险合约的核心在于利用客观、可量化的气象数据来确定保险赔偿，而这些数据的选取、组合及阈值的设定直接影响着保险产品的公平性、透明度和有效性。

首先，天气指数的精准设定能够更好地反映特定区域内农作物生长的实际气候条件。例如，对于早稻而言，关键气象因素可能包括降水量、温度、日照时长等。这些指标的选择需要基于充分的历史气候数据分析，以确保它们能准确地反映出对早稻生长影响最大的气候因素。只有当天气指数能够真实、全面地反映出对农作物生长影响最关键的气候变量时，保险合约才能有效地发挥其风险管理的功能。

其次，合理设定的天气指数可以减少道德风险和逆向选择问题。在传统的农业保险模式中，保险公司难以准确评估个别农户的实际损失，这往往导致保险欺诈或高风险个体过多参保的问题。相比之下，天气指数保险合约基于客观的气象数据，使得理赔过程更加透明和公正，从而降低了这些问题发生的概率。

再次，天气指数的有效设定对于提高理赔效率至关重要。在天气指数保险模型中，一旦气象数据显示达到或超过预先设定的触发点，理赔便可以自动启动。这种机制大大简化了理赔流程，降低了理赔成本，并缩短了理赔时间。这对农户而言意味着能够在遭受气候灾害后迅速获得经济补偿，从而及时恢复生产。

最后，天气指数的科学设定还有助于提高保险产品的吸引力和普及率。如果天气指数能够准确反映农户面临的气候风险，那么保险产品就更能满足农户的实际需要，从而提高农户参保的意愿。在普及天气指数保险的过程中，有效的天气指数设定也是关键的市场营销工具。

天气指数的科学、合理设定是确保天气指数保险合约成功实施的关键。它不仅关乎保险合约的公正性和透明度，还直接影响理赔的效率和成本，以及保险产品的市场接受度。因此，对天气指数保险的设计和实施来说，精确设定天气指数是不可或缺的环节。准确度量天气指数保险系统性风险的基础是天气风险能否有效度量，而天气指数是天气风险的客观表达。因此，本书为早稻天气指数保险合约设定了三种天气指数以衡量早稻生产过程中的高温、低温和暴雨天气风险，并考虑这三种天气风险带来的天气指数保险系统性风险。制定合理适宜的天气指数需要考虑作物的生长情况，本书基于早稻相关研究、气象行业相关标准、国家标准和已实践的保险合约[1]（GB/T 21985—2008、GB/T 27959—2011）[2]，选用的三种天气指数分别为：高温热害指数（HD）、低温冷害指数（CD）、暴雨指数（RI）。考虑到早稻主产区内不同区域的生长差异，结合相关研究与早稻种植现状（段里程等，2020；郭安红等，

---

① 详见中国太平洋财产保险股份有限公司承保的安徽省商业性水稻暴雨天气指数保险。

② 资料来源：GB/T 21985—2008，主要农作物高温危害温度指标（cma. gov. cn）；GB/T 27959—2011，南方水稻、油菜和柑橘低温灾害（cma. gov. cn）。

2018；谢远玉等，2011），本书以 3 月 15 日至 7 月 30 日作为早稻的生长周期，并假定每个区域每年的早稻生长周期保持不变。

此外，在农业保险实务中，需要考虑以下两个因素：一方面，在农业保险合约中，直保公司通常通过设置赔付限额来控制承保风险，而对于极端尾部风险则不进行承保。这种做法允许保险公司承担一定程度的灾害风险，同时避免因极端事件导致的巨额赔付；另一方面，再保险在农业保险巨灾风险分散体系中发挥着重要作用（包璐璐、江生忠，2019），通过与再保险公司建立再保险合约，直保公司的部分承保风险可以转由再保险公司承担。本书通过引入再保险机制，以考虑天气风险在直保公司与再保险公司之间的转移与分散。因此，本书提出的三种天气指数保险同时包含直保合约与再保险合约。

1. 高温热害指数保险合约

高温热害指数（High Temperature Damage Index，HD）主要以早稻生长周期内的日最高温度数据为基础，其计算遵循如下步骤：首先，在每年的 6 月 15 日至 7 月 30 日（早稻抽穗开花期至灌浆结实期）内，筛选出连续五天及以上每日最高温度超过 35℃ 的日期；其次，计算所选日期中每日最高温度与 35℃ 的温度差，并对这些温度差值进行累加，得出每年的 HD 指数。HD 指数越大表明早稻遭受的高温热害风险越高。HD 指数旨在系统评估早稻在抽穗开花期至灌浆结实期内，因持续高温所导致的生长受损以及产量品质下降的潜在风险。

假定直保合约只承保部分高温风险，而对于极端高温风险，则需要通过再保险合约获得保障。记 K_i^{HD} 为 HD 指数直保合约的保障程度，不同地区 HD 指数直保合约的保障程度 1、保障程度 2、保障程度 3 分别为该地区 HD 指数分布的 60%、75%、90% 分位数，保障程度越高表明保险合约面临的高温风险越大；令 $q_{HD}^{90\%}$ 为 HD 指数的 90% 分位数，当 HD 指数低于 $q_{HD}^{90\%}$ 时，直保合约支付保险赔偿金：

$$L_{HD_{i,t}}^{j} = \max(0, \ \min(HD_{i,t}, \ K_i^{HD}, \ q_{90\%}^{HD})) \cdot V \qquad (5\text{-}18)$$

当 HD 指数高于 $q_{HD}^{90\%}$ 时，再保合约支付保险赔偿金：

$$L_{HD_{i,t}}^{j} = \max(HD_{i,t}, \ q_{HD}^{90\%}) \cdot V \qquad (5\text{-}19)$$

其中，$HD_{i,t}$ 表示地区 i 在第 t 年的 HD 指数；V 表示直保合约和再保险合约中天气指数单位转换为实际保险合约赔偿金的货币转换单位(下同)。

2. 低温冷害指数保险合约

低温冷害指数(Chilling Damage Index，CD)。CD 指数计算方法以早稻生长周期内的日平均温度数据为基础，其计算遵循以下步骤：首先，在每年的 4 月 10 日至 5 月 30 日(早稻分蘖期至幼穗分化期)内，筛选连续三天及以上日平均温度低于 20℃ 的日期；其次，对所选日期，计算 20℃ 与每日平均温度的温度差，并对这些温度差值进行累加，得出每年的 CD 指数。CD 指数评估早稻在分蘖期至幼穗分化期之间，由低温导致的分蘖进程减缓的风险。CD 指数越大表明早稻遭受的低温冷害风险越高。

记 K_i^{CD} 为 CD 指数直保合约的保障程度，不同地区 CD 指数直保合约的保障程度 1、保障程度 2、保障程度 3 分别为该地区 CD 指数分布的 60%、75%、90%分位数；令 $q_{HD}^{90\%}$ 为 CD 指数的 90%分位数，当 CD 指数低于 $q_{HD}^{90\%}$ 时，直保合约支付保险赔偿金：

$$L_{CD_{i,t}}^{j} = \max(0, \ \min(CD_{i,t}, \ K_i^{CD}, \ q_{90\%}^{CD})) \cdot V \qquad (5\text{-}20)$$

当 CD 指数高于 $q_{HD}^{90\%}$ 时，再保合约支付保险赔偿金：

$$L_{CD_{i,t}}^{j} = \max(CD_{i,t}, \ q_{CD}^{90\%}) \cdot V \qquad (5\text{-}21)$$

3. 暴雨指数保险合约

暴雨指数(Rainstorm Index，RI)基于早稻生长周期内的日降雨数据，其计算遵循以下步骤：首先，在每年的 5 月 10 日与 7 月 30 日(早稻拔节期至灌浆结实期)内，每日降水量超过 30mm 则被视为一次暴雨事件；其次，以 30mm 作为暴雨事件触发的阈值，计算暴雨事件与阈值的差值，将差值累加求和，得出每年的 RI 指数。RI 指数旨在评估早稻在拔节期至灌浆结实期之间，由暴雨灾害可能引发的洪涝风险程度。

记 K_i^{RI} 为 RI 指数直保合约的保障程度，不同地区 RI 指数直保合约的保障程度 1、保障程度 2、保障程度 3 分别为该地区 RI 指数分布的 50%、70%、90%分位数；令 $q_{RI}^{90\%}$ 为 RI 指数的 90%分位数，当 RI 指数低于 $q_{RI}^{90\%}$ 时，直保合约支付保险赔偿金：

$$L^j_{RI_{i,t}} = \max(0,\ \min(RI_{i,t},\ K^{RI}_i,\ q^{RI}_{90\%}))\cdot V \qquad (5\text{-}22)$$

当 RI 指数高于 $q^{90\%}_{RI}$ 时，再保合约支付保险赔偿金：

$$L^j_{RI_{i,t}} = \max(RI_{i,t},\ q^{90\%}_{RI})\cdot V \qquad (5\text{-}23)$$

（二）考虑免赔机制的早稻天气指数保险合约

前文所提出的三种天气指数保险合约明确了保险合约的赔偿标准，但在农业保险实务中，仍需要考虑免赔机制的影响。

免赔机制的设置主要考虑了以下三个因素：首先，设置免赔额能够鼓励农民采取有效的风险管理措施，并减少潜在损失；其次，免赔额的大小会影响保险费用的高低，农户在投保时可以根据自身风险承受能力和经济状况来选择适当的免赔额，从而平衡保费支出和保险合约的赔付；最后，免赔机制的设置有助于保险公司管理农业风险，减少小额赔付，使得保险公司在承担赔付风险和保持稳定经营之间取得平衡。

本书在前文所提出的直保合约基础上引入免赔机制，以考虑天气风险在直保公司与农户之间的转移与平衡。

1. 高温热害指数保险合约

假定 HD 指数直保合约的免赔额为 D^{HD}_i，分别为每个地区 HD 指数的 30%分位数与 35%分位数。在式（5-18）、式（5-19）的基础上，令 $q^{90\%}_{HD}$ 为 HD 指数的 90%分位数，当 HD 指数低于 $q^{90\%}_{HD}$ 时，直保合约支付保险赔偿金：

$$L^j_{HD_{i,t}} = \max(0,\ \min(HD_{i,t},\ K^{HD}_i,\ q^{HD}_{90\%}) - D^{HD}_i)\cdot V \qquad (5\text{-}24)$$

2. 低温冷害指数保险合约

在 CD 指数保险合约的基础上，详见式（5-20）和式（5-21），设定不同区域 CD 指数直保合约的免赔额为 D^{CD}_i，分别为 CD 指数的 15%分位数与 20%分位数。令 $q^{90\%}_{CD}$ 为 CD 指数的 90%分位数，当 CD 指数低于 K^{CD}_i 时，直保合约支付保险赔偿金：

$$L^j_{HD_{i,t}} = \max(0,\ \min(HD_{i,t},\ K^{HD}_i,\ q^{HD}_{90\%}) - D^{HD}_i)\cdot V \qquad (5\text{-}25)$$

3. 暴雨指数保险合约

基于 RI 指数原保险合约，详见式（5-22）与式（5-23），设定不同区域 RI 直

保合约的免赔额为 D_i^{RI}，分别为 RI 指数的 10%分位数与 15%分位数。令 $q_{RI}^{90\%}$ 为 RI 指数的 90%分位数，当 RI 指数高于 D_i^{RI} 时，直保合约支付保险赔偿金：

$$L_{RI_{i,\,t}}^j = \max(0,\ \min(RI_{i,\,t},\ K_i^{RI},\ q_{90\%}^{RI}) - D_i^{RI}) \cdot V \qquad (5\text{-}26)$$

（三）承保区域的天气风险状况分析

基于早稻的生长周期、生长特征与天气灾害的特点等，本书制定了三种适宜有效的天气指数，并且分别考虑了再保险合约与免赔机制下的保险合约。从天气指数的定义来看，可以看到，只要天气指数非负，即表明该区域发生不同程度的天气灾害。图 5-3 说明了所选区域三种天气指数的历年平均值，可以得出：

首先，对于 HD 指数，衡南县的 HD 指数平均值最大，嘉鱼县的 HD 指数平均值最小，不同区域之间 HD 指数平均值存在差异，这表明不同区域之间高温热害风险存在异质性。其次，CD 指数中东阳、南陵等地的值较高，这表明浙江、安徽地区的冷害情况较为严重。最后，RI 指数中鄱阳和金溪二地的值要远大于其他地区，这表明江西中部地区暴雨灾害对早稻影响较为严重。

每个地区的历年天气指数的值详见图 5-4，可以得到：

首先，对于 HD 与 RI 指数，有部分区域在部分年份的值为 0，这表明这些区域在历史年份中未发生高温热害与暴雨灾害。

其次，对于 CD 指数，所选区域在历年的值都非负，这表明这些区域每年都会发生不同程度的低温冷害。

最后，每个区域天气指数在不同年份的大小差异也较大，以金溪为例，2000—2005 年内高温热害程度较小，而 2010—2015 年内高温热害程度较大。

三、天气风险的空间相依性度量

（一）建立边缘分布

为度量所选县市天气风险的空间相关性，本书首先估计不同区域天气指数的边缘分布；其次使用 HAC 函数构建不同区域之间的空间相依结构。

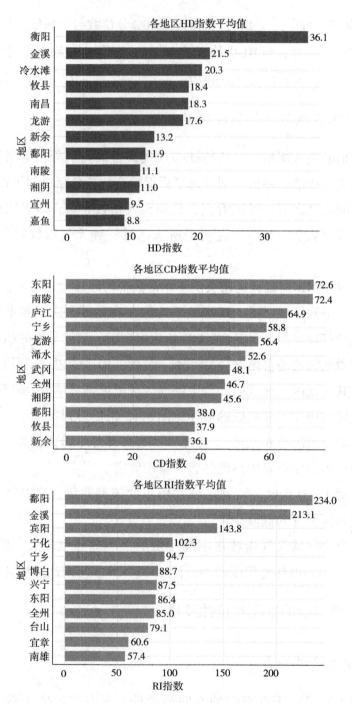

图 5-3　各区域三种天气指数的历年平均值

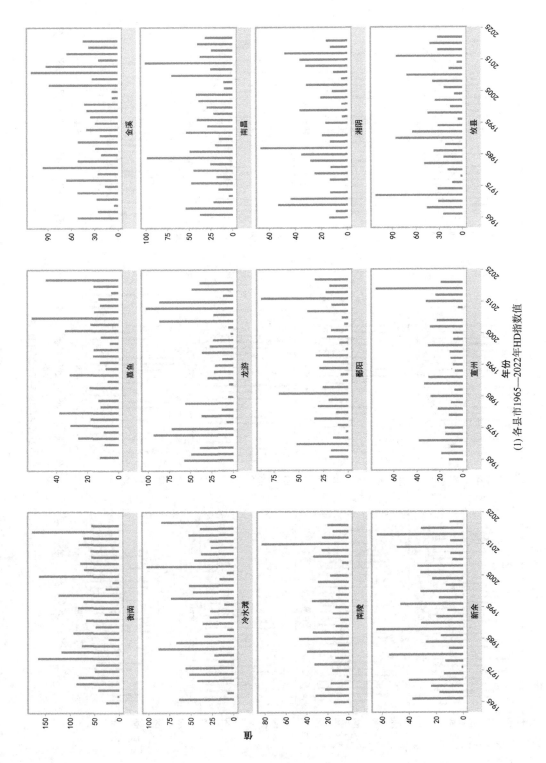

(1) 各县市1965—2022年HD指数值

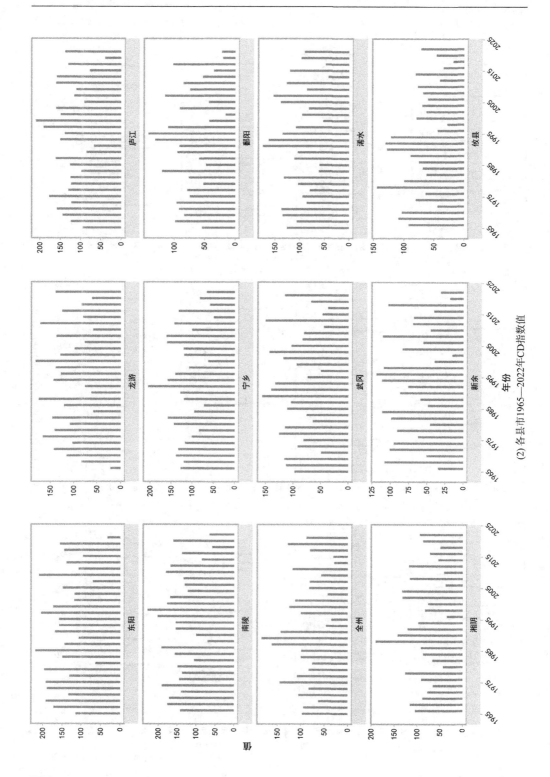

（2）各县市1965—2022年CD指数值

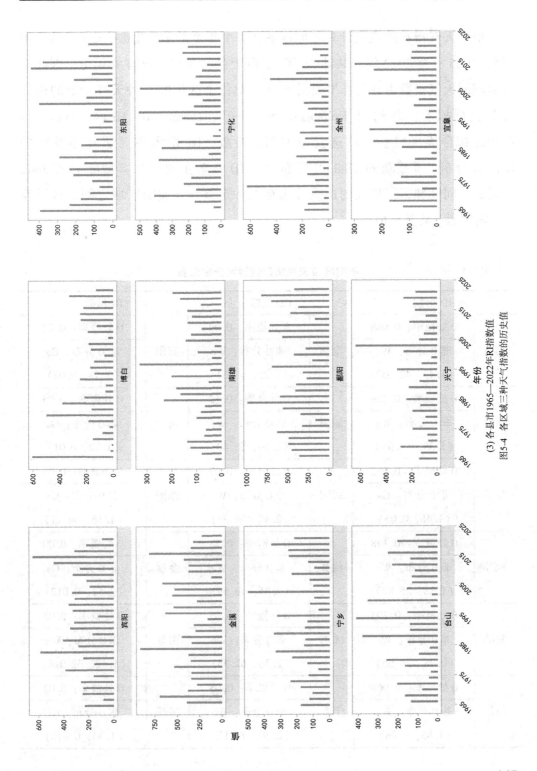

（3）各县市1965—2022年RI指数值

图5-4　各区域三种天气指数的历史值

　　根据天气指数的定义计算不同区域在每个年度的 HD 指数、CD 指数、RI 指数(1965 年至 2022 年，共计 58 年)。由于存在未发生灾害的年份，因此部分区域的天气指数由 0 与非 0 部分组成。对每个区域的三种天气指数的边缘分布进行拟合，并通过 Kolmogorov-Smirnoff 、Cramer-von Mises、Anderson-Darling 拟合优度检验。所选县市的 HD 指数、RI 指数主要服从零截断的 Gamma 分布、零截断的 Weibull 分布等；CD 指数主要服从零截断的 Weibull 分布。不同区域天气指数的边缘分布存在一定差异，表明区域之间天气风险具有异质性(见表 5-1)。

表 5-1　　　　　　　　　　　不同区域天气指数的边缘分布信息

HD 指数		CD 指数		RI 指数	
衡南	0 处概率：0. 068	全州	0 处概率：0. 09	宾阳	0 处概率：0. 02
	非 0 分布：We (1. 43，42. 63)		非 0 分布：We (2. 27，57. 62)		非 0 分布：Ga (2. 58，0. 02)
嘉鱼	0 处概率：0. 259	湘阴	0 处概率：0. 12	博白	0 处概率：0. 05
	非 0 分布：We (1. 35，12. 96)		非 0 分布：We (2. 16，58. 48)		非 0 分布：Ga (1. 22，0. 01)
金溪	0 处概率：0. 052	武冈	0 处概率：0. 07	东阳	0 处概率：0. 03
	非 0 分布：Ga (1. 46，0. 05)		非 0 分布：We (2. 45，58. 31)		非 0 分布：Ga (1. 16，94. 11)
冷水滩	0 处概率：0. 138	攸县	0 处概率：0. 14	金溪	0 处概率：0. 00
	非 0 分布：We (1. 38，25. 82)		非 0 分布：We (2. 35，49. 59)		非 0 分布：Ga (2. 52，0. 012)
龙游	0 处概率：0. 293	浠水	0 处概率：0. 05	南雄	0 处概率：0. 03
	非 0 分布：We (0. 98，24. 65)		非 0 分布：We (2. 36，62. 55)		非 0 分布：We (1. 12，62. 014)
南昌	0 处概率：0. 069	宁乡	0 处概率：0. 05	漳浦	0 处概率：0. 02
	非 0 分布：We (1. 65，0. 08)		非 0 分布：We (2. 30，70. 12)		非 0 分布：Ga (1. 34，0. 016)

续表

HD 指数		CD 指数		RI 指数	
南陵	0 处概率：0.190 非 0 分布：Ga (1.31, 0.10)	鄱阳	0 处概率：0.14 非 0 分布：We (2.22, 49.84)	宁乡	0 处概率：0.02 非 0 分布：Ga (2.53, 0.03)
鄱阳	0 处概率：0.241 非 0 分布：Ga (1.52, 0.10)	新余	0 处概率：0.10 非 0 分布：We (1.97, 45.38)	南昌	0 处概率：0.00 非 0 分布：We (1.36, 162.54)
湘阴	0 处概率：0.241 非 0 分布：Ln (2.36, 0.80)	东阳	0 处概率：0.00 非 0 分布：We (2.16, 82.01)	全州	0 处概率：0.02 非 0 分布：Ln (4.10, 0.88)
新余	0 处概率：0.121 非 0 分布：Ga (1.65, 0.11)	南陵	0 处概率：0.03 非 0 分布：We (2.47, 84.62)	台山	0 处概率：0.02 非 0 分布：Ga (1.32, 0.02)
宣州	0 处概率：0.224 非 0 分布：Ga (1.51, 0.12)	庐江	0 处概率：0.02 非 0 分布：We (2.29, 74.59)	兴宁	0 处概率：0.00 非 0 分布：Ga (1.47, 0.017)
攸县	0 处概率：0.138 非 0 分布：Ga (1.60, 0.08)	龙游	0 处概率：0.05 非 0 分布：We (2.15, 67.31)	宜章	0 处概率：0.05 非 0 分布：Ga (1.30, 68.92)

(二)空间相依性的度量

基于边缘分布的拟合结果，进一步运用 R 软件中的 copula 包与 HAC 包分别估计所选县市 HD 指数、CD 指数以及 RI 指数的空间相依结构。

HAC 结构的估计共有两个步骤：一是通过 HAC 包来确定不同生成元函数下的 HAC 分层结构；二是在每个分层结构生成元函数相同的前提假设下，选择最优的 HAC 分层结构。

在第一步中，选择 Gumbel、Clayton、Frank 三种生成元函数来刻画不同区域之间天气风险的分层相依结构，通过极大似然估计法确定 HAC 的结构。在第二步中，使用极大似然估计方法确定最优生成元函数，通过比较部分分层结构似然比值的大小来筛选最优生成元函数。经过筛选后三种天气指数的最优生成元函数与具体分层相依结构详见图 5-5。

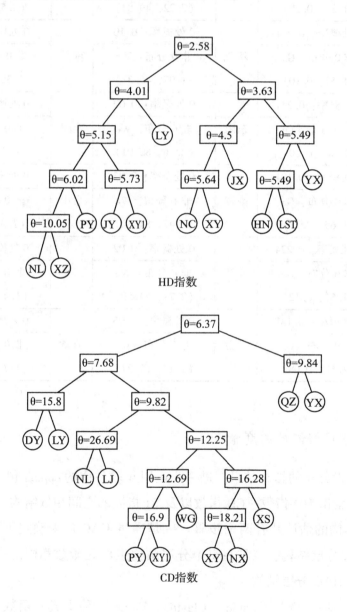

HD指数

CD指数

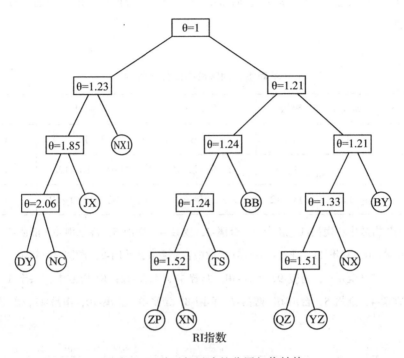

RI指数

图5-5 三种天气风险的分层相依结构

注：HD指数中：南昌-NC，新余-XY，金溪-JX，攸县-YX，衡南-HN，冷水滩-LST，湘阴-XY1，嘉鱼-JY，鄱阳-PY，南陵-NL，宣州-XZ，龙游-LY；CD指数中：宁乡-NX，武冈-WG，湘阴-XY，新余-XY1，鄱阳-PY，浠水-XS，攸县-YX，全州-QZ，南陵-NL，庐江-LJ，龙游-LY，东阳-DY；RI指数中：兴宁-XN，漳浦-ZP，南雄-NX，宜章-YZ，全州-QZ，台山-TS，博白-BB，宾阳-BY，宁乡-NX1，金溪-JX，南昌-NC，东阳-DY。

不同类型的天气风险在所选区域的分层相依结构亦不相同，但均满足以下基本规律：在分层相依结构的第一层中，天气风险在不同区域之间的正相关性最强；随着分层相依结构层数的增加，区域之间天气风险的相依系数在不断减小，即相关性在不断变弱。

(三)承保区域的空间聚合结果

通过对所选县市的 HD 指数、CD 指数以及 RI 指数空间相依结构的刻画，本书对所选区域进行空间聚合。表 5-2 与图 5-6 三种天气指数保险合约的空间聚合结果。

表 5-2　　　　　　　　　　　　不同指数的区域空间聚合等级

聚合等级	等级 1	等级 2	等级 3	等级 4	等级 5
HD	1	1~2	1~6	1~11	1~12
CD	1	1, 3	1~6, 9, 10	1~8, 10~12	1~12
RI	11	11~12	3, 10~12	1~3, 6, 10~12	1~12

注：HD 指数中：南昌-1，新余-2，金溪-3，攸县-4，衡南-5，冷水滩-6，湘阴-7，嘉鱼-8，鄱阳-9，南陵-10，宣州-11，龙游-12；CD 指数中：宁乡-1，武冈-2，湘阴-3，新余-4，鄱阳-5，浠水-6，攸县-7，全州-8，南陵-9，庐江-10，龙游-11，东阳-12；RI 指数中：兴宁-1，漳浦-2，南雄-3，宜章-4，全州-5，台山-6，博白-7，宾阳-8，宁乡-9，金溪-10，南昌-11，东阳-12。

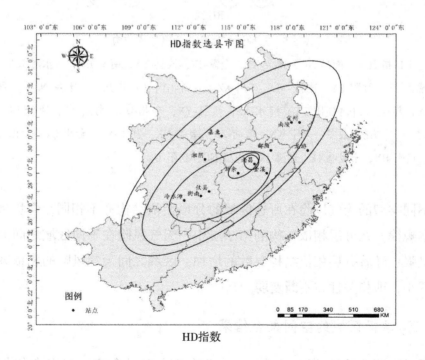

HD指数

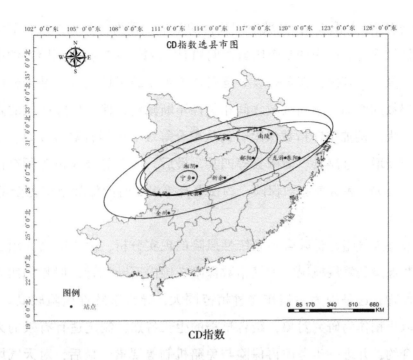

CD指数

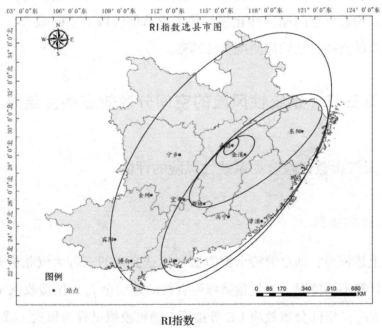

RI指数

图 5-6　不同天气指数的区域空间聚合图

依据表 5-2 与图 5-6，区域空间聚合的基本步骤为：首先，聚合等级 1 选择相关性较强的底层中的某个区域，例如 HD 指数、CD 指数保险合约中的南昌县与宁乡市。其次，聚合等级 2 至聚合等级 4 的区域选取是基于分层相依结构中层数的增加，不同区域之间相关性不断减弱，保险保障区域的聚合范围逐步扩大，例如 HD 指数保险合约从聚合等级 2 至聚合等级 3 时，空间聚合的区域新增了金溪县、衡南县等四县。最后，聚合等级 5 包含所有保险保障区域，例如三种天气指数保险合约在聚合等级 5 时的保障范围为全部的 12 个县市。

本节为天气指数保险合约系统性风险的现实分析，由于前文介绍了国内天气指数保险的发展概况，天气指数保险在国内不断推行，但是仍然难以普及主粮作物，这是因为主粮作物种植范围大，导致系统性风险较高。为此，本书选取早稻作为研究对象，结合早稻的生长特点，制定适宜有效的天气指数保险合约，并进一步考虑再保险与免赔机制等要素。最后，对天气风险的空间相依结构进行空间相依性建模，并考虑承保区域的空间聚合，为第三节系统性风险的空间分散效应测度奠定基础。

第三节 系统性风险的空间分散效应测度结果

一、天气指数保险合约系统性风险的评估

（一）随机模拟

基于上述模型，通过蒙特卡罗方法对所选县市的三种天气指数进行随机模拟，并计算不同情况下天气指数保险合约的赔偿金 L_k、保费收入 π_k、聚合最低资本 BF_n、空间分散效应 DE 等指标。随机模拟过程为每次生成 10000 个随机数，模拟 1000 次，具体步骤如下：

第一，根据各个天气指数空间相依结构的估计结果（详见图 5-6），分别

随机模拟生成每种天气指数的 12 维 HAC 数据。

第二，根据每个区域天气指数的边缘分布函数（详见表 5-1），将 copula 数据分别转换为实际天气指数数据。

第三，利用天气指数保险合约与所选区域的天气数据计算每个区域三种天气指数的直保、再保合约的赔偿金 L_k、保费收入 π_k、最低资本 BF_{k-th}。

第四，通过式（5-16）至式（5-17）与天气指数数据分别计算每种天气指数直保合约在不同空间聚合等级、不同保障程度、不同免赔机制下的聚合最低资本 BF_n 以及再保险合约在不同空间聚合等级下的聚合最低资本 BF_n。

第五，基于天气指数数据与前文定义的理论分别计算天气指数保险合约在空间聚合方法下的聚合最低资本与加权最低资本，最终得到每种天气指数保险在不同聚合等级下的空间分散效应 DE。

（二）系统性风险的评估

基于前文随机模拟得到的结果，可以进一步计算每个区域不同天气指数保险的最低资本，通过最低资本的大小比较系统性风险的大小。图 5-7 展示了不同区域不同天气指数保险合约在不同保障程度、免赔机制下的最低资本即系统性风险的大小。

根据图 5-7 可得：

首先，免赔额机制的设置能够降低系统性风险，无免赔额（D_0）下的系统性风险在任何一种保障程度下都要远远高于有免赔额的情况。以衡南地区 HD 指数保险合约为例，在同一保障程度（trigger1）下，无免赔额的保险合约的系统性风险要大于有免赔额的保险合约的系统性风险。此外，随着免赔额的增加，同一保障程度下，保险合约的系统性风险也在不断降低。

其次，保险合约的保障程度增大，系统性风险也会逐渐增加。以东阳地区 CD 指数保险合约为例，在无免赔额（D_0）的情况下，随着保障程度的不断增加，指数保险合约的系统性风险不断增加。

最后，每个区域在不同免赔额与不同保障程度下的系统性风险大小不尽

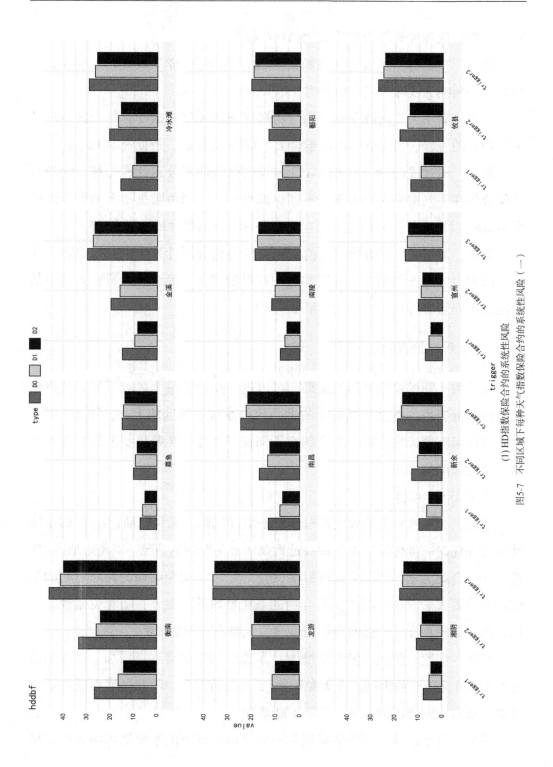

(1) HD指数区域下每种天气指数保险合约的系统性风险

图5-7　不同区域保险合约的系统性风险（一）

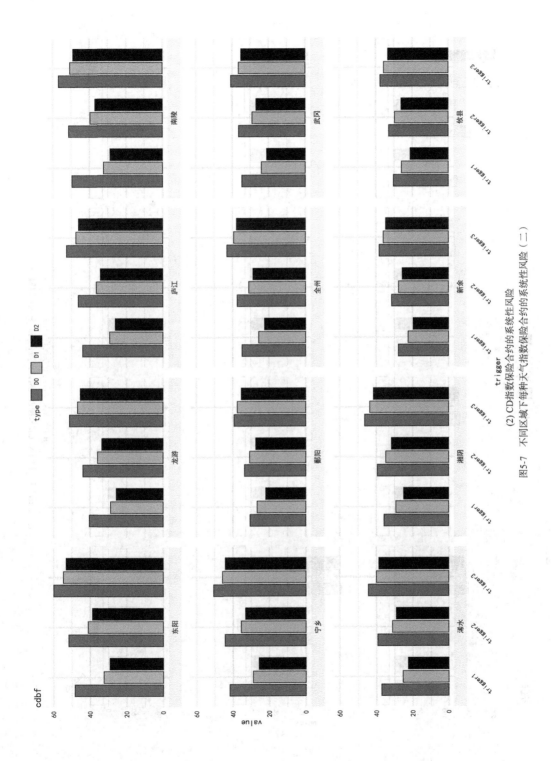

(2) CD指数域下每种天气指数保险合约的系统性风险

图5-7 不同区域保险合约的系统性风险（二）

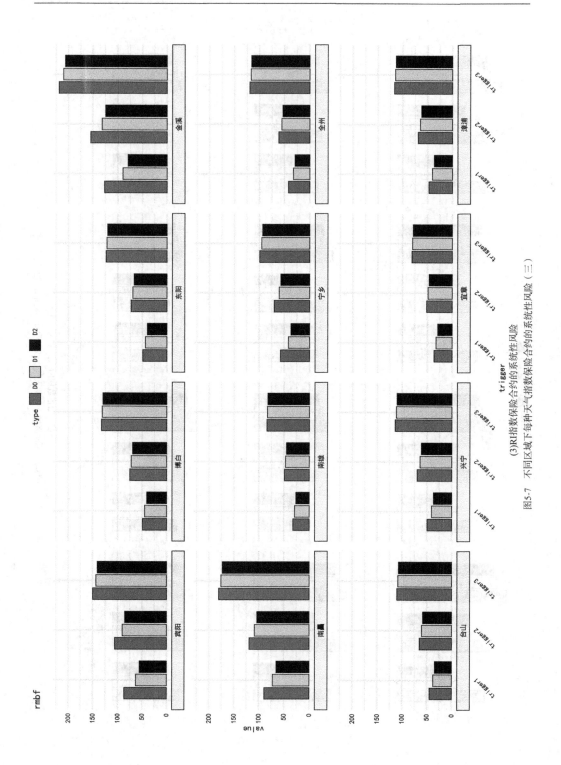

(3)RI指数保险合约的系统性风险

图5-7 不同区域下每种天气指数保险合约的系统性风险（三）

相同。每个区域的系统性风险大小不一，这种差异的存在使得系统性风险可以通过空间聚合方法有效分散。与 CD、RI 指数保险合约相比，HD 指数保险合约的系统性风险较小，这可能是因为高温热害的发生频率要略低于低温冷害与暴雨灾害的发生频率。

二、系统性风险的空间分散效应的评估

本小节主要说明空间聚合方法对天气指数保险合约系统性风险的分散效果，通过空间分散效应衡量空间聚合方法对天气指数保险合约系统性风险的分散效果。基于上文提出的计算方法与随机模型结果，分别考虑了原保险合约、具有免赔额机制的保险合约、不同空间聚合权重下的空间分散效应。

（一）原保险合约的空间分散效应测度结果

根据随机模拟结果，本书通过比较不同情况下天气指数保险合约的 BF_n 说明空间聚合方法对不同类型天气指数保险合约系统性风险的影响，结果如图 5-8 所示：

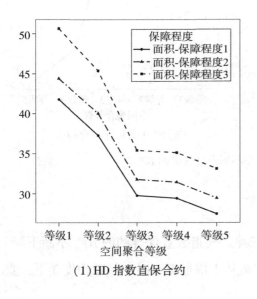

（1）HD 指数直保合约

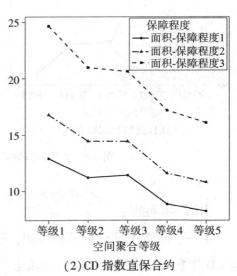

（2）CD 指数直保合约

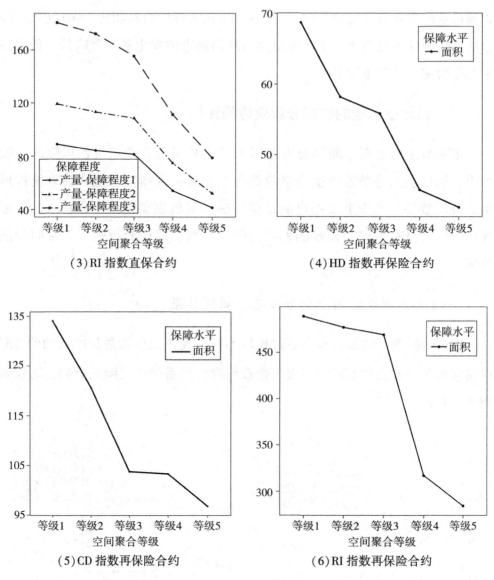

（3）RI 指数直保合约　　　　　（4）HD 指数再保险合约

（5）CD 指数再保险合约　　　　　（6）RI 指数再保险合约

图 5-8　天气指数合约在不同聚合等级的 BF_n

由图 5-8 可得：

第一，随着空间聚合等级增加，三种天气指数直保合约的 BF_n 不断下降。以 CD 指数保险合约为例，空间聚合等级从 1 增加至 5 时，保障程度 3 下，直

保合约的 BF_n 下降了 39%；而在最低保障程度，直保合约的 BF_n 下降了 37%。

第二，随着空间聚合等级增加，三种天气指数再保险合约的 BF_n 也不断下降。再保险合约由聚合等级 1 增加至聚合等级 5 时，三种天气指数再保险合约的 BF_n 分别降低了 39%、28%、40%。

第三，与再保险合约相比，直保合约的 BF_n 明显低于再保险合约的 BF_n。以聚合等级 1 为例，保障程度 3 下，HD 指数、CD 指数、RI 指数原保险合约的 BF_n 分别为 24.65、50.63、180.43；而三种天气指数再保险合约的 BF_n 分别为 68.75、134.03、488.86。

第四，随着保障程度的增加，天气指数保险合约的 BF_n 也在逐步增加。以聚合等级 1 为例，HD 指数、CD 指数、RI 指数直保合约在保障程度 1 下的 BF_n 分别为 12.90、41.78、89.04，而保障程度 3 下，三种天气指数直保合约的 BF_n 分别增加至 24.65、50.63、180.43。

第五，天气风险不同，指数保险合约的系统性风险也会存在差异。例如 RI 指数保险合约的 BF_n 要大于 HD 指数、CD 指数保险合约的 BF_n。

本书对所选县市按照空间相依结构进行空间聚合，并计算不同类型保险合约的空间分散效应 DE 的值，详见表 5-3 与表 5-4。

表 5-3　　　　　　　　　　　**直保合约的空间分散效应**

天气指数	HD	CD	RI
保障程度 1	0.647	0.761	0.570
保障程度 2	0.634	0.757	0.555
保障程度 3	0.631	0.740	0.516

表 5-4　　　　　　　　　　　**再保险合约的空间分散效应**

天气指数	HD	CD	RI
DE	0.601	0.837	0.698

由表 5-3 与表 5-4 可得：

第一，在各类指数保险合约下，DE 值均小于 1，表明空间聚合有利于系统性风险的分散。同时，DE 的值均大于 $1/\sqrt{12} = 0.289$（风险服从正态分布且相互独立时的 DE 值），表明天气风险之间在空间上呈现正相关性。

第二，空间聚合更有利于 HD 指数再保险合约（极端高温灾害）的系统性风险的分散。HD 指数再保险合约的 DE 与直保合约相比较小。

第三，空间聚合更有利于暴雨风险与高温热害风险的分散。RI 指数、HD 指数保险合约的 DE 值要略小于 CD 指数保险合约的 DE。

(二)考虑免赔额机制后保险合约的空间分散效应测度结果

本书在直保合约中设置不同的免赔额以衡量其对系统性风险的空间分散效应的影响。对于三种天气指数直保合约，免赔额 D_1 与 D_2 分别为：HD 指数分布的 30% 与 35% 分位数；CD 指数分布的 15% 与 20% 分位数；RI 指数分布的 10% 与 15% 分位数。

图 5-9、图 5-10、图 5-11 分别说明免赔机制对三种天气指数保险合约 BF_n 的影响。

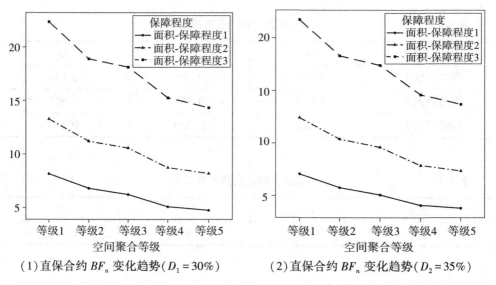

(1)直保合约 BF_n 变化趋势($D_1 = 30\%$)　　(2)直保合约 BF_n 变化趋势($D_2 = 35\%$)

图 5-9　不同免赔额对 HD 指数保险合约的影响

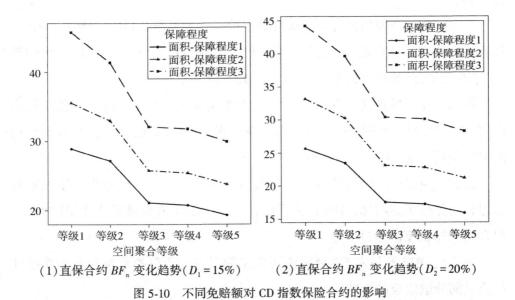

（1）直保合约 BF_n 变化趋势（$D_1 = 15\%$） （2）直保合约 BF_n 变化趋势（$D_2 = 20\%$）

图 5-10　不同免赔额对 CD 指数保险合约的影响

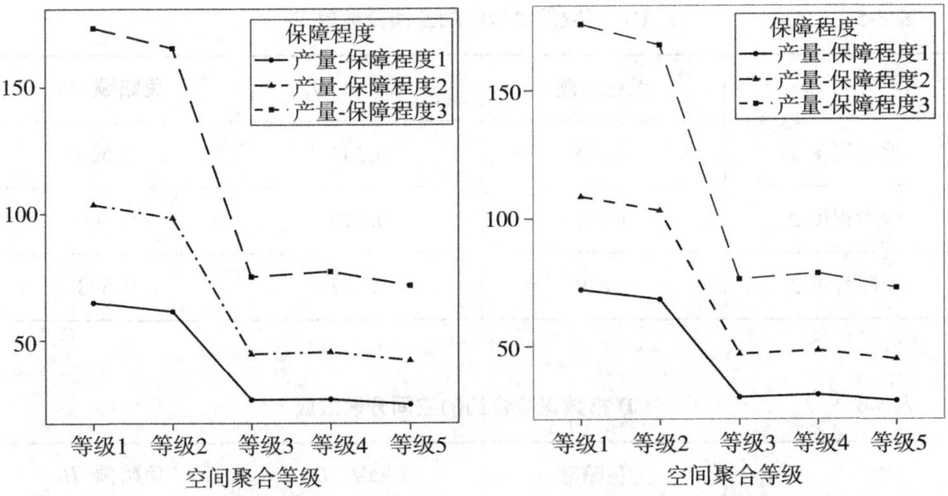

（1）直保合约 BF_n 变化趋势（$D_1 = 10\%$） （2）直保合约 BF_n 变化趋势（$D_2 = 15\%$）

图 5-11　不同免赔额对 RI 指数保险合约的影响

由图 5-9、图 5-10 与图 5-11 可得：

第一，考虑免赔机制后，直保合约的 BF 随空间聚合等级的增加呈现下降趋势。

第二，实行免赔机制能够有效降低保险合约的系统性风险。例如，HD 指数直保合约在保障程度 3、聚合等级 5 时，直保合约的 BF 为 16.09，免赔额 D_1 与 D_2 下的直保合约的 BF 分别为 14.32、13.70。

第三，免赔额越高，直保合约的系统性风险也会越小。例如，免赔额由 D_1 增加至 D_2 时，保障程度 1 下，随着空间聚合等级增加，HD 指数直保合约的 BF_n 下降了 13.13%~19.47%。

第四，免赔额的增加更有利于分散高温风险。在同一保障程度下，随着直保合约免赔额的增加，HD 指数直保合约 BF_n 的下降幅度要大于 RI 指数直保合约 BF_n 的下降幅度。

表 5-5、表 5-6 与表 5-7 分别说明免赔额对三种天气指数保险合约系统性风险空间分散效应的影响。

表 5-5　　　　　　　　　HD 指数保险合约的空间分散效应

	无免赔额	免赔额-D_1	免赔额-D_2
保障程度 1	0.645	0.543	0.506
保障程度 2	0.631	0.579	0.560
保障程度 3	0.629	0.607	0.598

表 5-6　　　　　　　　　CD 指数保险合约的空间分散效应

	无免赔额	免赔额-D_1	免赔额-D_2
保障程度 1	0.760	0.708	0.676
保障程度 2	0.757	0.724	0.706
保障程度 3	0.739	0.723	0.714

表 5-7 **RI 指数保险合约的空间分散效应**

	无免赔额	免赔额-D_1	免赔额-D_2
保障程度 1	0.560	0.497	0.475
保障程度 2	0.545	0.516	0.506
保障程度 3	0.507	0.501	0.499

由表 5-5、表 5-6 与表 5-7 可得：

第一，免赔额的增加有助于直保合约系统性风险的分散。在同一保障程度下，随着直保合约免赔额 D 的增加，各类指数直保合约系统性风险的空间分散效应均有下降。

第二，免赔额越高，直保合约的空间分散效应也会越低。例如，当免赔额为 D_2 时，HD 指数直保合约的 DE 要明显低于无免赔额与免赔额为 D_1 时的 DE。

第三，免赔额的增加更有利于分散高温风险。在同一保障程度下，随着直保合约免赔额 D 的增加，HD 指数直保合约的空间分散效应下降幅度均大于 CD 指数、RI 指数直保合约空间分散效应的下降幅度。

（三）区域权重对空间分散效应的影响

本节考虑不同区域权重对前文主要结论的影响，选用早稻产量替换前文中早稻种植面积作为空间聚合过程中的区域权重，每个区域的不同权重详见表 5-10，遵循前文的分析方法，三种天气指数直保合约的空间分散效应结果如图 5-12、图 5-13 和表 5-8、表 5-9 所示。

表 5-8 **不同权重下 HD、CD、RI 指数直保合约的空间分散效应（免赔额-D_1）**

	HD		CD		RI	
	面积权重	产量权重	面积权重	产量权重	面积权重	产量权重
保障程度 1	0.543	0.545	0.708	0.708	0.497	0.508
保障程度 2	0.579	0.581	0.724	0.725	0.516	0.526
保障程度 3	0.607	0.609	0.724	0.724	0.501	0.511

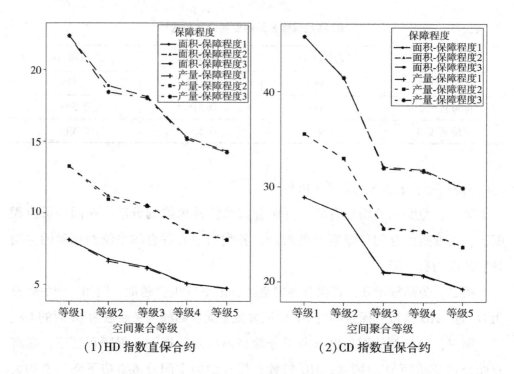

（1）HD 指数直保合约　　　　　（2）CD 指数直保合约

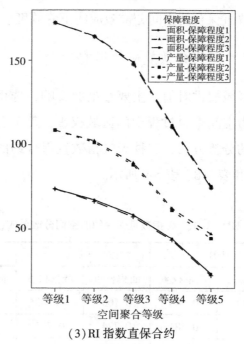

（3）RI 指数直保合约

图 5-12　不同权重对指数保险合约 BF 的影响（免赔额-D_1）

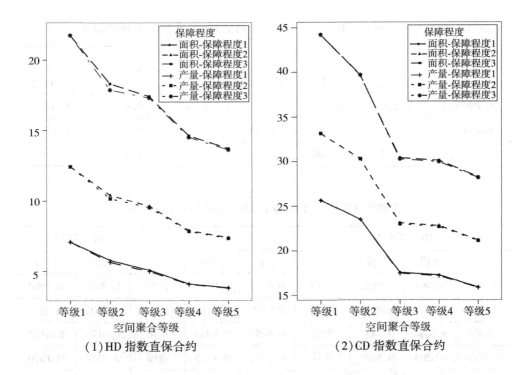

（1）HD 指数直保合约　　　　　（2）CD 指数直保合约

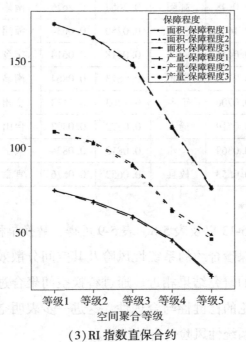

（3）RI 指数直保合约

图 5-13　不同权重对指数保险合约 BF 的影响（免赔额-D_2）

表 5-9　不同权重下 HD、CD、RI 指数直保合约的空间分散效应 (免赔额-D_2)

	HD		CD		RI	
	面积权重	产量权重	面积权重	产量权重	面积权重	产量权重
保障程度 1	0. 506	0. 508	0. 676	0. 677	0. 475	0. 487
保障程度 2	0. 560	0. 563	0. 706	0. 706	0. 506	0. 517
保障程度 3	0. 554	0. 600	0. 714	0. 715	0. 499	0. 509

表 5-10　　　　不同区域下 HD、CD、RI 指数保险合约的不同权重

	HD 指数权重			CD 指数权重			RI 指数权重	
	面积	产量		面积	产量		面积	产量
衡南	0. 0993	0. 0882	东阳	0. 0127	0. 0131	宾阳	0. 0942	0. 0902
嘉鱼	0. 0047	0. 0039	龙游	0. 0199	0. 0181	博白	0. 0902	0. 0877
金溪	0. 1494	0. 1421	南陵	0. 0499	0. 0539	东阳	0. 0120	0. 0122
冷水滩	0. 0204	0. 1097	庐江	0. 1242	0. 1323	金溪	0. 1550	0. 1620
龙游	0. 0181	0. 0148	鄱阳	0. 2654	0. 2676	南雄	0. 0400	0. 0385
南昌	0. 1695	0. 1636	新余	0. 0750	0. 0634	漳浦	0. 0221	0. 0267
南陵	0. 0455	0. 0441	武冈	0. 0618	0. 0614	宁乡	0. 1138	0. 1057
鄱阳	0. 2419	0. 2189	湘阴	0. 0873	0. 0864	南昌	0. 1759	0. 1865
湘阴	0. 0795	0. 0706	宁乡	0. 1203	0. 1133	全州	0. 0769	0. 0778
新余	0. 0683	0. 0519	浠水	0. 0372	0. 0397	台山	0. 1119	0. 1014
宣州	0. 0438	0. 0369	全州	0. 0813	0. 0834	兴宁	0. 0709	0. 0771
攸县	0. 0594	0. 0553	攸县	0. 0652	0. 0676	宜章	0. 0371	0. 0341

　　由图 5-12、图 5-13 以及表 5-8、表 5-9 可得：替换早稻产量作为区域权重后，三种天气指数保险合约的系统性风险及其空间分散效应的结果与以早稻面积作为区域权重的研究结果相近。通过替换空间聚合过程中的区域权重可以验证本书研究结论的稳健性与合理性，这进一步表明空间聚合方法是管理天气指数保险合约系统性风险的有效措施。

三、结论

根据上文的研究，我们得出天气指数保险系统性风险管理最有效的方法即运用合理的天气指数与空间聚合方法，具体如下：

（一）合理的天气指数能够有效度量不同区域的天气风险

首先，在天气风险方面，不同区域的天气风险存在差异，这使得不同区域内天气指数保险合约的系统性风险也具有异质性，这种异质性正是空间聚合方法分散的基础之一；其次，不同种类天气风险的空间分层相依结构存在差异，进而导致不同天气指数保险合约系统性风险的空间分散效应也不相同，天气风险具有异质性；再次，本书所提出的天气风险建模思路对当前我国推行的完全成本保险有借鉴意义，完全成本保险所涉及的各种天气灾害损失可参照本书天气指数的计算方法来衡量，本书基于天气指数与最低资本计算天气风险，这在完全成本保险中可以借鉴使用；最后，天气指数的合理选取有助于有效度量农作物的天气风险以及天气指数保险合约的系统性风险。

（二）空间聚合方法能够有效降低天气指数保险合约的系统性风险

首先，从空间聚合的角度看，空间聚合方法能够有效分散系统性风险，经过空间聚合后天气指数保险合约的最低资本以及空间分散效应都显著降低；其次，空间聚合方法能够有效降低保险合约的最低资本，这对保险公司的偿付能力管理有着一定参考意义，保险公司在开展农业保险业务时可以考虑空间聚合方法降低最低资本，从而增强偿付能力的稳定性与可持续性；再次，除早稻作物外，玉米与小麦作物同样呈现种植区域范围大、天气风险异质性较强等特点，本书对早稻天气指数保险系统性风险的研究可以推广至玉米与小麦等主要粮食作物；最后，保险合约要素中保障程度的增加会增强天气指数保险合约系统性风险空间分散效应，免赔额的增加有助于直保合约的系统性风险的分散。

参 考 文 献

［1］澳大利亚农业与资源经济科学局官方网站：https：//www. abares. gov.

［2］包璐璐，江生忠．农业保险巨灾风险分散模式的比较与选择［J］.保险研究，2019（8）：36-51.

［3］陈盛伟，牛浩．农业气象指数保险产品研发的特点与技术难题［J］.世界农业，2017（6）：232-235.

［4］程静．农业旱灾风险管理的金融创新路径：天气指数保险［J］.世界农业，2013（3）：60-64.

［5］丁少群，冯文丽．农业保险学［M］.北京：中国金融出版社，2015：36-37.

［6］段里成，张坤，郭瑞鸽，等．江西省双季早稻直播适宜播种期的区域划分［J］.中国农业气象，2021（2）：112-122.

［7］冯文丽．农业保险概论［M］.天津：南开大学出版社，2019.

［8］冯文丽，杨美．天气指数保险：我国农业巨灾风险管理工具创新［J］.金融与经济，2011（6）：92-95.

［9］冯文丽，杨雪美，等．中国农业保险市场失灵与制度供给研究［M］.北京：中国金融出版社，2016.

［10］郭安红，何亮，韩丽娟，等．早稻高温热害强度指数构建及气候危险性评价［J］.自然灾害学报，2018（5）：96-106.

［11］郭美佳．粮食期货市场基差风险控制模式研究［D］.哈尔滨：哈尔滨工业大学，2012.

［12］郭树军．基于风险扩散机制的气象灾害风险评估［J］.风险分析与危机

反应学报，2012，2（2）：124-130.

[13] 侯茂章，吴敏．天气指数保险研究进展［J］．中南林业科技大学学报（社会科学版），2015，9（6）：37-42.

[14] 加拿大农业与农业食品部官方网站：https：//www.agr.gc.ca/.

[15] 贾士彬，段应元．农业保险创新实践经典案例［M］．天津：南开大学出版社，2021.

[16] 金满涛．天气保险的国际经验比较对我国的借鉴与启示［J］．上海保险，2018（9）：49-51.

[17] 李丹，庹国柱，龙文军．农业风险与农业保险［M］．北京：高等教育出版社，2017：27.

[18] 李军．农业保险［M］．北京：中国金融出版社，2002：47-50.

[19] 李永，马宇，崔习刚．天气衍生品基差风险量化及对冲效果研究［J］．管理评论，2015，27（10）：33-43.

[20] 李政，陈盛伟，牛浩．农业天气指数保险的业务难题、角色定位与发展思路［J］．农村经济，2022（2）：100-107.

[21] 刘凯文，刘可群，邓爱娟，等．基于开花期地域差异的中稻高温热害天气指数保险设计［J］．中国农业气象，2017（10）：679-688.

[22] 刘亚洲，钟甫宁，吕开宇．气象指数保险是合适的农业风险管理工具吗？［J］．中国农村经济，2019（5）：2-21.

[23] 卢太平．规避基差风险策略研究［J］．经济管理，2007（8）：54-57.

[24] 卢太平，刘心报．套期保值与基差风险［J］．预测，2002，21（6）：58-61.

[25] 吕晓敏，周广胜．双季稻主要气象灾害研究进展［J］．应用气象学报，2018（4）：385-395.

[26] 栾敬东，程杰．基于产业链的农业风险管理体系建设［J］．农业经济问题，2007（3）：86-91.

[27] 马国华．国外农业天气指数保险发展实践及对中国的启示［J］．世界农业，2019（6）：67-73.

[28] 美国农业部风险管理局官方网站：https：//www. rma. usda. gov/.

[29] 穆月英，陈家骥．两类风险 两种对策——兼析农业自然风险与市场风险的界限 [J]．农业经济问题，1994（8）：33-36.

[30] 裴勇，刘晓雪．引入基差影响因素的套期保值模型优化与效用对比分析——以中国大豆加工与经营企业为例 [J]．现代财经（天津财经大学学报），2016，36（4）：54-64.

[31] 庹国柱，朱俊生．农业保险 [M]．北京：中国人民大学出版社，2018.

[32] 唐金成．现代农业保险 [M]．北京：人民出版社，2013：7-8.

[33] 王克，张峭．农业生产风险评估方法评述及展望 [J]．农业展望，2013，9（2）：38-43.

[34] 王晓华，李欣．农业保险发展的财政支持政策比较与借鉴 [J]．经济研究参考，2014（44）：50-52.

[35] 王月琴，赵思健．农业天气指数保险中基差风险的研究进展 [J]．风险分析与危机反应学报，2019（10）：45-53.

[36] 魏华林，吴韧强．天气指数保险与农业保险可持续发展 [J]．财贸经济，2010（3）：5-12.

[37] 武翔宇，兰庆高．促进我国气象指数保险发展的若干建议 [J]．农业经济，2012（3）：94-95.

[38] 肖宇谷，杨晓波，齐纪元．我国农业保险大灾风险的空间分散效应测度与应用研究 [J]．保险研究，2022（7）：58-68.

[39] 谢志刚．系统性风险与系统重要性：共识和方向 [J]．保险研究，2016（7）：25-34.

[40] 熊旻，庞爱红．早稻暴雨指数保险产品设计——以江西省南昌县为例 [J]．保险研究，2016（6）：12-26.

[41] 严伟祥，徐玉华．基于分层阿基米德 Copula 的金融行业尾部风险相依性研究 [J]．金融经济学研究，2017（6）：23-33.

[42] 杨太明，陈金华，金志凤，等．皖浙地区早稻高温热害发生规律及其对产量结构的影响研究 [J]．中国农学通报，2013（27）：97-104.

[43] 姚蓬娟，王春乙，张继权．长江中下游地区双季早稻冷害、热害危险性评价［J］. 地球科学进展，2016（5）：503-514.

[44] 印小川，史秀红．不能忽视的基差风险［J］. 北京金融评论，2012（2）：270-278.

[45] 余洋，董志华．美国农业保险法对政府作为义务的规定及其启示［J］. 江汉论坛，2013（10）：141-144.

[46] 袁纯清．让保险走进农民［M］. 北京：人民出版社，2018：3-4.

[47] 张长利．构建我国农业保险经营组织体系的思考［J］. 上海保险，2009（6）：8-11.

[48] 张连增，胡祥．基于分层阿基米德 Copula 的金融时间序列的相关性分析［J］. 统计与信息论坛，2014（6）：34-40.

[49] 张峭，等．中国农业风险综合管理［M］. 北京：中国农业科学技术出版社，2015.

[50] 张峭，徐磊．农业保险发展报告［M］. 北京：中国农业出版社，2019.

[51] 张译元，孟生旺．农业指数保险定价模型的研究进展与改进策略［J］. 统计与信息论坛，2020（1）：30-39.

[52] 张译元，孟生旺．因子 Copula 空间偏相依模型与农业系统性风险度量［J］. 统计研究，2021（3）：122-134.

[53] 张玉环．国外农业天气指数保险探索［J］. 中国农村经济，2017（12）：81-92.

[54] 赵小静，王国军．基于聚类法的农作物系统性风险研究［J］. 保险研究，2016（2）：99-106.

[55] 中国保监会财产保险监管部．农业保险理论与实践［M］. 北京：中国财政经济出版社，2015.

[56] 邹奕格，粟芳．保险公司的角色及影响因素分析——基于投资风险引致系统性风险的过程［J］. 中央财经大学学报，2022（2）：27-40，77.

[57] 朱俊生．中国天气指数保险试点的运行及其评估——以安徽省水稻干旱和高温热害指数保险为例［J］. 保险研究，2011（3）：19-25.

［58］ Alemu G, Rosenzweig C. The Role of Index-based Insurance In Promoting Agricultural Risk Management in Developing Countries: A Review ［J］. World Development, 2016（80）: 47-61.

［59］ Awondo S N. Efficiency of Region-wide Catastrophic Weather Risk Pols: Implications for African Risk Capacity Insurance Program ［J］. Journal of Development Economics, 2019（136）: 111-118.

［60］ Ayind A F, Agboola B O. Willingness to Take Agricultural Insurance by CocoaFanners in Nigeria ［J］. International Journal of Food & Agricultural Economics, 2013, 1（1）: 97- 107.

［61］ Barnett B J, Barrett C B, Skees J R. Poverty Traps and Index-Based Risk Transfer Products ［J］. World Development, 2008, 36（10）: 1766-1785.

［62］ Barry J B, Olivier M. Weather Index Insurance for Agriculture and Rural Areas in Lower-Income Countries ［J］. American Journal of Agricultural Economics, 2007, 89（5）: 1241-1247.

［63］ Bokusheva R. Measuring Dependence in Joint Distributions of Yield and Weather Variables ［J］. Agricultural Finance Review, 2011, 71（1）: 120-141.

［64］ Bac C W, van Henten E J, Hemming J, Edan Y. Harvesting Robots for High-value Crops: State of the Art Review and Challenges Ahead ［J］. Journal of Field Robotics, 2017, 34（6）: 984-1010.

［65］ Carter M R, Galarza F, Boucher S. Underwriting Area-Based Yield Insurance to Crowd-in Credit Supply and Demand ［J］. Savings & Development, 2007, 31（3）: 335-362.

［66］ Cesarini L, Figueiredo R, Monteleone B, Martina M L V. The Potential of Machine Learning for Weather Index Insurance ［J］. Natural Hazards and Earth System Sciences, 2021, 21（8）: 2379-2405.

［67］ Chen Z H, Lu Y, Zhang G J, Zhu, W J. Managing Weather Risk with a Neural Network-based Index Insurance ［J］. Management Science, 2023, 70

(7): 4306-4327.

[68] Crane-Droesch A. Machine Learning Methods for Crop Yield Prediction and Climate Change Impact Assessment in Agriculture [J]. Environmental Research Letters, 2018, 13 (11): 114003.

[69] Cole S, Giné X, Tobacman J, Vickery J. The Effects of Weather Insurance on Smallholder Farmers' Welfare: Evidence from a Randomized Trial in India [J]. The Review of Economics and Statistics, 2013, 95 (4): 1025-1038.

[70] De Nicola F. The Impact of Weather Insurance on Consumption, Investment, and Welfare [J]. Social Science Electronic Publishing, 2015 (6): 637.

[71] Diaz Nieto J, Cook S, Lundy M, et al. A System of Drought Insurance for Poverty Alleviation in Rural Areas [J]. Centro Internacional De Agricultural Tropical, 2006, 39 (2): 213-231.

[72] Elabed Ghada, Carter Michael. Compound-risk Aversion and the Demand for Microinsurance: Evidence from a WTP Experiment in Mali [D]. California: Davis University of California, 2014.

[73] Fuchs A, Wolff H. Concept and Unintended Consequences of Weather Index Insurance: The Case of Mexico [J]. American Journal of Agricultural Economics, 2011, 93 (93): 505-511.

[74] Ferentinos K P. Deep Learning Models for Plant Disease Detection and Diagnosis [J]. Computers and Electronics in Agriculture, 2018, 145: 311-318.

[75] Ghada E, Marc F B, Michael R, et al. Managing Basis Risk with Multiscale Index Insurance [J]. Agricultural Economics, 2013, 44 (4): 419- 431.

[76] Goodfellow I, Bengio Y, Courville A. Deep Learning [M]. Massachusetts: MIT Press, 2016.

[77] Hazell P. The Appropriate Role of Agricultural Insurance in Developing Countries [J]. Journal of International Development, 1992 (4): 567-581.

[78] Hellmuth M E, Moorhead A, Thomson M C. Weather Index Insurance for

Agriculture and Rural Livelihoods in Developing Countries: A Review [J].
Development Policy Review, 2009, 27 (5): 561-590.

[79] Jibril M A, Nurfarhana R, Zed Z, et al. Index-based Insurance and
Hydroclimatic Risk Management in Agriculture: A Systematic Review of Index
Selection and Yield-index Modelling Methods [J]. International Journal of
Disaster Risk Reduction, 2022: 67.

[80] Kamilaris A, Prenafeta-Boldú F X. Deep learning in agriculture: A Survey
[J]. Computers and Electronics in Agriculture, 2018 (147): 70-90.

[81] Liakos K G, Busato P, Moshou D, Pearson S, et al. Machine Learning in
Agriculture: A Review [J]. Sensors, 2018, 18 (8): 26-74.

[82] Mahul O, Stutley C. J. Government Support to Agricultural Insurance:
Challenges and Options for Developing Countries [M]. Washington D C: The
World Bank, 2010.

[83] Miranda M J, Farrin K. Agricultural Insurance in Developing Countries: A
Review of the Evidence [J]. Agricultural Systems, 2012, 107: 1-16.

[84] Mitchell, T M. Machine Learning [M]. New York: McGraw-Hill, 1997.

[85] Mohanty S P, Hughes D P, Salathé M. Using Deep Learning for Image-based
Plant Disease Detection [J]. Frontiers in Plant Science, 2016 (7): 14-19.

[86] Mulla, D J. Twenty Five Years of Remote Sensing in Precision Agriculture:
Key Advances and Remaining Knowledge Gaps [J]. Biosystems Engineering,
2013, 114 (4): 358-371.

[87] Nguyen-Huy T, Deo R C, Mushtaq S, et al. Copula Statistical Models for
Analyzing Stochastic Dependencies of Systemic Drought Risk and Potential
Adaptation Strategies [J]. Stochastic Environmental Research & Risk
Assessment, 2019 (33): 779-799.

[88] Odening M, Mussgoff O, Xu W. Analysis of Rainfall Derivatives Using Daily
Precipitation Models: Opportunities and Pitfalls [J]. Agricultural Finance
Review, 2007, 67 (1): 135-156.

[89] Okhrin O, Okhrin Y, Schmid W. On the Structure and Estimation of Hierarchical Archimedean Copulas [J]. Journal of Econometrics, 2013, 173 (2): 189-204.

[90] Shi H, Jiang Z. The Efficiency of Composite Weather Index Insurance in Hedging Rice Yield Risk: Evidence from China [J]. Agricultural Economics, 2016 (3): 295-305.

[91] Skees J R, Collier B, Barnett B J. Index Insurance and Climate Risk: Prospects for Development and Disaster Management [M]. New York: Springer, 2009.

[92] Smith V H, Watts M. Index Based Agricultural Insurance in Developing Countries: Feasibility, Scalability and Sustainability [J]. Gates Foundation, 2009: 1-40.

[93] Sutton R S, Barto A G. Reinforcement Learning: An Introduction [M]. Massachusetts: MIT Press, 2018.

[94] Van Klompenburg T, Kassahun A, Catal C. Crop Yield Prediction Using Machine Learning: A Systematic Literature Review [J]. Computers and Electronics in Agriculture, 2020 (177): 105709.

[95] Wang H H., Zhang H. On the Possibility of a Private Crop Insurance Market: A Spatial Statistics Approach [J]. Journal of Risk and Insurance, 2003 (70): 111-124.

[96] Woodard, J D., Schnitkey, G D., Sherrick, B J., et al. A Spatial Econometric Analysis of Loss Experience in the U. S. Crop Insurance Program [J]. Journal of Risk and Insurance, 2012 (79): 261-286.

[97] Woodard Joshua D, Garcia Philip. Basis Risk and Weather Hedgin Effectiveness [J]. Agricultural Finance Review, 2007, 68 (1): 99-117.